Inhalt

Edgar Allan Poe

Grusel- und Schauergeschichten

Aus dem Amerikanischen
von Gisela Etzel

Fischer Taschenbuch Verlag

Veröffentlicht im Fischer Taschenbuch Verlag,
einem Unternehmen der S. Fischer Verlag GmbH,
Frankfurt am Main, Januar 2009

Für diese Ausgabe:
© S. Fischer Verlag GmbH, Frankfurt am Main 2009
Satz: Dörlemann Satz, Lemförde
Druck und Bindung: Clausen & Bosse, Leck
Printed in Germany
ISBN 978-3-596-90134-0

Unsere Adressen im Internet:
www.fischerverlage.de
www.fischer-klassik.de

Das Manuskript in der Flasche

Von meiner Heimat und meiner Familie läßt sich wenig sagen. Schlechte Behandlung hat mich von dieser vertrieben, und Jahre der Trennung haben mich jener entfremdet. Ererbter Reichtum verpflichtete mich zu einem außergewöhnlich sorgfältigen Bildungsgang, und mein grüblerischer Geist ermöglichte es mir, die Schätze frühen Studiums gründlich zu verarbeiten. Von allen Dingen erfreuten mich am meisten die Werke der deutschen Moralisten, nicht etwa, weil ich so unbedacht war, ihre geschwätzige Narrheit zu bewundern, sondern weil meine streng logische Denkweise es mir leicht machte, ihre Fehler aufzudecken. Man hat mir sogar oft ein allzu nüchternes Denken vorgeworfen und meinen Mangel an Phantasie als Verbrechen hingestellt; ja, ich war berüchtigt wegen meiner Skepsis. Und in der Tat befürchte ich, daß meine Vorliebe für Physik auch *meinen* Geist in einen Fehler unserer Zeit verfallen ließ – ich meine: in die Gewohnheit, alle Dinge auf die Prinzipien eben jener Wissenschaft zurückzuführen – selbst wenn sie noch so sehr außerhalb ihres Bereiches lagen.

Nach vielen auf weiten Reisen im Ausland verbrachten Jahren trat ich im Jahre 18.. von Batavia, der Hafenstadt der wohlhabenden und volkreichen Insel Java, eine Segelreise nach dem Archipel der Sundainseln an. Der Anlaß zu dieser Reise war kein geschäftlicher, sondern lediglich eine nervöse Ratlosigkeit, die mich mit teuflischer Ausdauer plagte.

Unser Fahrzeug war ein schönes, kupferbeschlagenes Schiff von etwa vierhundert Tonnen, das in Bombay aus malabarischem Teakholz gebaut worden war. Seine Fracht bestand aus Baumwolle und Öl von den Lachadive-Inseln. Ferner hatten wir Ko-

kosbast, Zucker, konservierte Butter, Kokosnüsse und einige Behälter mit Opium an Bord. Das Schiff war mit dieser leichten Last fest gefüllt und hatte infolgedessen entsprechenden Tiefgang.

Wir stachen bei schwachem Wind in See und segelten tagelang an der Ostküste von Java dahin, und der einzige Zwischenfall auf unserer eintönigen Fahrt war das gelegentliche Zusammentreffen mit einem Schiffchen der malabarischen Inselgruppe.

Eines Abends, als ich an Backbord lehnte, gewahrte ich im Nordosten eine seltsame einzelnstehende Wolke. Sie fiel mir auf – einmal ihrer Farbe wegen, und dann, weil es die erste Wolke war, die sich seit unserer Ausfahrt aus Batavia sehen ließ. Ich beobachtete sie aufmerksam bis Sonnenuntergang, als sie sich ganz plötzlich nach Osten und Westen ausbreitete und den Horizont mit einem schmalen Nebelstreif umgürtete, der aussah wie ein langer flacher Küstenstrich. Bald darauf überraschte mich die dunkelrote Farbe des Mondes und das sonderbare Aussehen des Meeres, das sich ungemein schnell veränderte; das Wasser schien durchsichtiger als gewöhnlich. Obgleich ich deutlich auf den Grund sehen konnte, bewies mir das Senkblei, daß unser Schiff fünfzehn Faden lief. Die Luft war jetzt unerträglich heiß und mit Dunstspiralen geladen, wie sie etwa erhitztem Eisen entsteigen. Je näher die Nacht herankam, desto mehr erstarb der schwache Windhauch, und eine Ruhe herrschte, wie sie vollkommener gar nicht gedacht werden kann. Eine auf Hinterdeck brennende Kerzenflamme machte nicht die leiseste Bewegung, und ein langes, zwischen Daumen und Zeigefinger gehaltenes Haar hing ohne die geringste wahrnehmbare Vibration. Da aber der Kapitän sagte, er sehe keine Anzeichen einer drohenden Gefahr, und da wir quer zum Ufer standen, so ließ er die Segel auftuchen und den Anker fallen. Es wurde keine Wache aufgestellt, und die Schiffsmannschaft, die hauptsächlich aus Malaien bestand, lagerte sich ungezwungen auf Deck. Ich ging hinunter – mit der bestimmten Vorahnung eines Unheils. Alle Anzeichen schienen mir auf einen Samum hinzudeuten. Ich sprach dem Kapitän von meinen Befürchtungen; aber er schenkte meinen Worten keine

Beachtung und würdigte mich nicht einmal einer Antwort. Meine Unruhe ließ mich jedoch nicht schlafen, und gegen Mitternacht ging ich an Deck. Als ich den Fuß auf die oberste Stufe der Kajütentreppe setzte, überraschte mich ein lautes, summendes Geräusch, das dem Sausen eines kreisenden Mühlrades glich, und ehe ich seine Ursache feststellen konnte, erbebte das Schiff in seinem ganzen Bau. Im nächsten Augenblick stürzte ein heulender Schaumregen auf uns nieder, raste über uns hin und fegte das Schiff vom Steven bis zum Heck leer.

Die jähe Wucht des Windstoßes war für die Rettung des Schiffes in gewissem Grade von Vorteil. Trotzdem es vom Wasser überschwemmt worden war, hob es sich doch, als seine Masten über Bord gegangen waren, nach einer Minute schwerfällig wieder aus der Tiefe, schwankte eine Weile unter dem ungeheuren Druck des Sturmes und richtete sich schließlich auf.

Durch welches Wunder ich der Vernichtung entging, ist unmöglich festzustellen. Zuerst durch den Wasserguß betäubt, fand ich mich, als ich wieder zur Besinnung kam, zwischen dem Hintersteven und dem Steuer eingeklemmt. Mit großer Mühe richtete ich mich auf, und als ich verwirrt um mich blickte, kam mir zunächst der Gedanke, wir seien in die Brandung geraten; so über alles Denken schrecklich war der Wirbel sich türmender, schäumender Wasser, die uns umtosten. Nach einiger Zeit vernahm ich die Stimme eines alten Schweden, der sich, kurz bevor wir den Hafen verließen, als Matrose bei uns verdingt hatte. Mit aller Kraft rief ich ihn an, und sogleich taumelte er zu mir. Wir entdeckten bald, daß wir die einzigen Überlebenden des Unfalls waren. Alle an Deck mit Ausnahme von uns beiden waren über Bord gefegt worden; der Kapitän und die Maate mußten im Schlaf umgekommen sein, denn die Kajüten waren ganz unter Wasser gesetzt worden. Ohne Beistand konnten wir nur wenig zur Sicherheit des Fahrzeugs tun, und unsere ersten Bemühungen wurden durch die Erwartung sofortigen Untergangs lahmgelegt. Unser Ankertau war natürlich beim ersten Sturmstoß zerrissen wie ein Bindfaden, andernfalls wären wir im Nu vernichtet gewesen. Wir trieben mit furchtbarer Schnelligkeit dahin, und die Wasser machten alles um uns her zu Splittern. Das Fachwerk unseres Hecks war gräßlich zerschmettert, und wir waren in jeder Hinsicht furchtbar zugerichtet. Zu unserer unaussprechlichen Freude aber fanden wir die Pumpen unversehrt und sahen, daß wir nur wenig Ballast verloren hatten. Die erste Wut des Sturmes war schon gebrochen, und wir befürchteten von der Heftigkeit des Windes wenig Gefahr; mit Verzweiflung aber sahen wir der Zeit entgegen, wo er sich legen würde, denn wir wußten, daß wir mit unserem lecken Fahrzeug in der nachfolgenden Hochflut rettungslos zugrunde gehen mußten.

Diese sichere Vorahnung schien sich jedoch nicht so bald erfüllen zu wollen. Fünf volle Tage und Nächte – während deren unser einziger Unterhalt aus einer geringen Menge Zucker bestand, die wir mit großer Mühe aus dem Vorderschiff holten – raste der Schiffsrumpf mit unfaßbarer Geschwindigkeit dahin, von kurzen, sprunghaften Windstößen getrieben, die, ohne der ersten Heftigkeit des Samums gleichzukommen, noch immer schrecklicher waren als irgendein Sturm, den ich vordem erlebte. Unser Kurs blieb in den ersten vier Tagen bis auf geringe Abweichungen südsüdöstlich, und wir mußten an der Küste von Neu-Holland entlang getrieben sein. Am fünften Tage wurde die Kälte unerträglich, trotzdem der Wind ein wenig mehr aus Norden kam. Die aufgehende Sonne hatte einen grünlichgelben Schein und stieg nur wenige Grade über den Horizont empor; sie gab nur ein unbestimmtes Licht. Es waren keine Wolken sichtbar, aber der Wind nahm zu und blies in unregelmäßigen, wuchtigen Stößen. Gegen Mittag – so gut wir das feststellen konnten – wurde unsere Aufmerksamkeit von neuem durch den Anblick der Sonne gefesselt. Sie gab kein eigentliches Licht, aber einen matten, düsteren Glanz ohne Widerschein, als liefen alle ihre Strahlen in einen Punkt zusammen. Gerade bevor sie ins wogende Meer sank, erlosch ihr zentrales Feuer, als habe eine unerklärliche Macht es ausgelöscht. Sie war nur noch ein schwacher silberner Reif, als sie hinabglitt in den unermeßlichen Ozean.

Von nun ab umhüllte uns tiefste Dunkelheit, so daß wir auf zwanzig Schritte Entfernung vom Schiff keinen Gegenstand zu erkennen vermochten. Unausgesetzt umgab uns ewige Nacht, die nicht einmal von dem phosphoreszierenden Meeresleuchten erhellt wurde, an das wir in den Tropen gewöhnt gewesen waren. Der Sturm raste mit unverminderter Heftigkeit, aber die breite Schaumfläche, die uns bisher begleitet hatte, schwamm nicht mehr auf den Wogen. Rundum war Schrecken und tiefste Finsternis und ungeheure, ebenholzschwarze drohende Wüste. Mehr und mehr wurde der Verstand des alten Schweden von abergläubischem Grauen umnachtet, und meine eigene Seele hüllte sich in stummes Entsetzen. Wir gaben den Versuch, die Herrschaft über das Schiff wieder zu erlangen, als völlig nutzlos auf, banden uns, so gut es eben ging, am stehengebliebenen Stumpf des Besanmastes fest und spähten angstvoll in den weiten Ozean hinaus. Jede Möglichkeit einer Zeitberechnung fehlte uns, und ebensowenig wußten wir, wo wir uns befanden. Wir waren uns aber völlig klar, weiter nach Süden vorgedrungen zu sein, als je vorher ein Seefahrer gekommen war, und wunderten uns um so mehr, nicht den üblichen Eisbergen zu begegnen. Inzwischen drohte jeder Augenblick unser letzter zu sein – jede berghohe Woge uns zu verschlingen. Das Stürmen übertraf alles, was ich für möglich gehalten hätte, und daß wir nicht sofort begraben wurden, ist ein Wunder. Mein Gefährte erwähnte, wie leicht unsere Ladung sei, und erinnerte mich an die hervorragende Leistungsfähigkeit unseres Schiffes. Ich konnte aber nicht umhin, die völlige Sinnlosigkeit jeglicher Hoffnung zu fühlen, und erwartete schweren Herzens den Tod; ich gab uns höchstens noch eine Stunde Frist, denn mit jedem Knoten, den das Schiff machte, wurden die ungeheuren schwarzen Wolken noch ungeheurer, noch grauenvoller. Bald warf es uns in atemraubende Höhen empor, die nicht einmal der Albatros erfliegt, bald schwindelte uns bei dem rasenden Sturz in irgendeine Wasserhölle, wo die Luft erstickend war und kein Laut den Schlummer des Kraken störte.

Wieder einmal befanden wir uns auf dem Grunde eines solchen Höllenschlundes, als plötzlich ein Schrei meines Gefährten die Nacht durchgellte.

»Sieh! Sieh!« schrie er mir in die Ohren. »Allmächtiger Gott! Sieh! Sieh!«

Während er sprach, gewahrte ich einen matten Schimmer roten Lichtes, der an den Seiten des ungeheuren Abgrundes, in dem wir lagen, herunterfloß und unser Deck mit eigentümlichem Glanz überstrahlte. Ich wandte den Blick nach oben und sah ein Schauspiel, das mir das Blut in den Adern erstarren machte. In grauenvoller Höhe über uns und genau am Rande des gewaltigen Trichters schwebte ein riesiges Schiff von etwa viertausend Tonnen. Obgleich es auf dem Gipfel einer Woge stand, die seine eigene Höhe mehr als hundertmal übertraf, so schien es mir dennoch größer, als irgendein Linienschiff oder Ostindienfahrer jemals sein konnte. Sein ungeheurer Rumpf war von tiefem Schwarz und wies keine Schnitzerei und keinen Zierat auf, wie er sonst bei Schiffen üblich ist. Aus den offenen Schießscharten lugten in langer Reihe erzene Kanonenrohre und spielten das Licht zahlloser Laternen wider, die in der Takelage hin und her schwangen. Was uns am meisten wunderte und entsetzte, war, daß das Schiff mit vollen Segeln hineinraste in das grauenvolle Meer und den unnatürlichen Orkan. Als wir es zuerst entdeckten, sah man nur den Zug, der langsam aus irgendeinem fürchterlichen Abgrund auftauchte. Einen schaudervollen Augenblick schwebte es auf schwindelndhohem Wogenkamm, wie in stolzem Bewußtsein seiner Erhabenheit, dann bebte es, schwankte und – kam herab. Und seltsam: ich wurde jetzt ganz ruhig und überlegend. Ich stolperte so weit nach rückwärts, wie es anging, und erwartete furchtlos den Untergang. Unser eigenes Schiff hatte mittlerweile den Kampf aufgegeben und versank mit seinem Vorderteil ins Meer. Der niedersausende Koloß traf mit aller Wucht auf diesen unter Wasser befindlichen Teil, und die unausbleibliche Folge war, daß ich mit großer Heftigkeit auf das fremde Schiff hinübergeschleudert wurde.

Als ich niederfiel, stand das Schiff in den Wind und wendete, und der dadurch entstehenden Verwirrung schob ich es zu, daß mein Erscheinen von der Mannschaft nicht bemerkt wurde. Ohne große Schwierigkeit gelangte ich ungesehen zur großen Luke, die zum Teil geöffnet war, und fand bald Gelegenheit, mich im Schiffsraum zu verbergen. Warum ich das tat, vermag ich kaum zu sagen. Ein unbestimmtes Grauen vor der Besatzung des Schiffes hatte mich gleich bei ihrem ersten Anblick erfaßt und war vielleicht die Hauptursache, daß ich mich so versteckte. Ich hatte kein Verlangen, mich einem Haufen Leute anzuvertrauen, die mir beim ersten Blick sonderbar und unheimlich erschienen waren. Ich hielt es daher für ratsam, mir im Schiffsraum ein Versteck herzurichten. Ich tat dies, indem ich einen Haufen Bretter in der Weise zurechtschob, daß ein kleiner freier Raum zwischen den ungeheuren Schiffsrippen für mich entstand.

Ich hatte mein Werk kaum vollendet, als nahende Schritte mich zwangen, in meinen Winkel zu kriechen. Ein Mann ging schwankend unsicheren Schrittes vorbei. Sein Gesicht konnte ich nicht sehen, seine Gesamterscheinung dagegen gut wahrnehmen. Er schien von der Last der Jahre schwach und gebrechlich; seine zitternden Knie vermochten ihn kaum zu tragen. Er murmelte in dumpfen, abgerissenen Worten vor sich hin – in einer Sprache, die ich nicht verstehen konnte – und wühlte in einer Ecke in einem Haufen seltsamer Instrumente und halbzerfallener Schiffskarten. Sein Gebaren war eine sonderbare Mischung von kindischem Greisentum und der feierlichen Würde eines Gottes. Er ging schließlich wieder an Deck, und ich sah ihn nicht mehr.

Ein Gefühl, für das ich keinen Namen habe, hat von meiner Seele Besitz genommen – ein Empfinden, das keine Analyse zuläßt, das durch keinen altüberlieferten Lehrsatz, durch keine Erfahrung geklärt werden und zu dem, wie ich fürchte, selbst die Zukunft keinen Schlüssel bieten kann. Bei einem Geist wie dem meinigen ist alles Nachsinnen von Übel. Ich werde niemals – ja ich weiß es – niemals diese Gedanken und Vorstellungen zu einem Abschluß bringen. Doch ist es durchaus nicht verwunderlich, wenn diese Vorstellungen unbestimmt sind, da sie so neuartigen Quellen entspringen. Ein neuer Begriff, eine neue Wesenheit ist meiner Seele aufgegangen.

Es ist lange her, seit ich das Deck dieses grausigen Schiffes zuerst betrat, und die Fäden meines Geschicks scheinen in einen Punkt zusammenzulaufen. Unbegreifliche Menschen! In einer Versunkenheit, deren Art und Ursache mir unergründlich ist, gehen sie an mir vorbei, ohne mich zu sehen. Mich zu verbergen, ist einfach eine Narrheit, denn das Volk *will* mich nicht sehen! Soeben erst bin ich dicht am Steuermann vorbeigegangen; und es ist noch nicht lange her, daß ich mich in die Privatkabine des Kapitäns hineinwagte und ihr das Material entnahm, um diese Aufzeichnungen niederzuschreiben. Ich werde von Zeit zu Zeit dies Tagebuch fortsetzen. Es ist wahr: ich werde nicht leicht Gelegenheit finden, es der Welt bekannt zu geben, ich will aber den Versuch nicht unterlassen. Ich werde das Manuskript im letzten Augenblick in eine Flasche schließen und sie ins Meer werfen.

Wieder hat sich etwas ereignet, meinen Grübeleien neue Nahrung zu geben. Sind solche Dinge das Werk blinden Zufalls? Ich hatte mich an Deck gewagt und mich, ohne daß man mir die geringste Beachtung schenkte, zwischen einem Stapel Webeleinen und alter Segel auf den Boden der Schaluppe niedergeworfen. Während ich über mein eigenartiges Schicksal nachdachte, strich ich ganz unbewußt mit einem Teerpinsel, der mir irgendwie in die Hand geraten war, über den Knick eines sorgsam gefalteten Leesegels, das neben mir auf einer Tonne lag. Das Leesegel ist jetzt über dem Schiff ausgespannt, und die gedankenlosen Pinselstriche bilden das groß hingeschriebene Wort: *Entdeckung.*

Über die Bauart des Schiffes habe ich in letzter Zeit viele Beobachtungen gemacht. Obgleich gut bewehrt, scheint es mir doch kein Kriegsschiff zu sein. Seine Takelage, seine Form und allgemeine Ausrüstung sprechen dagegen. Was es *nicht* ist, kann ich leicht wahrnehmen; was es *ist*, läßt sich unmöglich sagen. Ich weiß nicht, wie es kommt, aber wenn ich seine seltsame Gestalt, den eigentümlichen Bau seiner Spieren, seine riesenhafte Größe, seine unzähligen Segel, seinen streng einfachen Bug und sein altmodisches Heck betrachte, so sind mir das alles längst vertraute Dinge, und mit diesen unklaren Schatten von Erinnerung vermischt sich eine unbestimmte Vorstellung an alte Bücher und Chroniken und fern vergangene Jahre.

Ich habe die Schiffsrippen untersucht. Sie bestehen aus einem Material, das mir fremd ist. Das Holz hat eine eigenartige Struktur, die es gerade für den Zweck, dem es dient, ungeeignet erscheinen läßt. Ich meine seine ungemeine *Porosität*, die nicht zu verwechseln ist mit dem wurmstichigen Zustand aller Schiffe in diesen Gewässern und auch nichts mit dem natürlichen Altersverfall zu tun hat. Die Bemerkung mag vorwitzig erscheinen, doch ich behaupte, das Holz hätte von der Sumpfeiche sein können, wenn es möglich wäre, Sumpfeichenholz durch irgendwelche Mittel biegsam zu machen.

Beim Überlesen des letzten Satzes kommt mir auf einmal ein Kernspruch ins Gedächtnis, den ein alter, wetterharter holländischer Seemann anzuwenden pflegte. »Es ist so gewiß«, sagte er, sobald jemand an seiner Wahrhaftigkeit zweifelte, »so gewiß, als es ein Meer gibt, in welchem das Schiff selbst in seinem Gebälk wächst, wie der lebendige Leib des Seefahrers.«

Vor etwa einer Stunde war ich kühn genug, mich in eine Gruppe der Mannschaft hineinzudrängen. Sie zollten mir nicht die geringste Aufmerksamkeit und schienen, obgleich ich mitten unter ihnen stand, keine Ahnung von meiner Gegenwart zu haben. Sie alle trugen, gleich dem einen, den ich zuerst im Schiffsraum gesehen hatte, untrügliche Zeichen hohen Alters. Ihre Knie wankten vor Schwäche; ihre Schultern waren von Alter und Hinfälligkeit tief gebeugt; ihre zusammengeschrumpfte Haut rasselte im Wind; ihre Stimmen waren leise, zittrig und heiser, ihre Augen glanzlos und triefend, und ihre dünnen, grauen Haare sträubten sich furchtbar im Sturm. Rund um sie her, überall an Deck verstreut, lagen mathematische Instrumente von wunderlicher und ganz veralteter Konstruktion.

Ich erwähnte vor einiger Zeit das Hissen eines Leesegels. Seit jener Zeit hat das Schiff, vom Winde umhergeworfen, seinen schrecklichen Lauf nach Süden fortgesetzt; alle Segel, selbst die armseligsten Fetzen, sind vom Royalsegel bis zur untersten Leesegelspiere gehißt, und jeden Augenblick tauchen seine Bramsegel-Rahenocks in die schaudervollste Wasserhölle, die Menschengeist sich nur vorstellen kann. Ich komme soeben von Deck, wo es mir unmöglich war, Fuß zu fassen, obgleich die Mannschaft wenig Unbehagen zu verspüren scheint. Es ist ein unerhörtes Wunder, daß unser ungeheures Schiff nicht sofort von den Wogen verschlungen wird. Sicherlich sind wir verdammt, für immer am Rande der Ewigkeit dahinzuschweben, ohne den letzten Sprung in den Abgrund tun zu dürfen. Von Wogen, tausendmal höher, als ich sie je gesehen, gleiten wir herab mit der Sicherheit einer Seemöwe, und die gewaltigen Wasser bäumen sich über uns wie Dämonen der Tiefe, doch wie Dämonen, die nur drohen, aber nicht zerstören dürfen. Ich komme dahin, unsere auffallende Rettung aus jeder Gefahr der einzig natürlichen Ursache solcher Wirkung zuzuschieben: ich muß annehmen, das Schiff befinde sich in irgendeiner Strömung von fortreißender Gewalt.

Ich habe dem Kapitän von Angesicht zu Angesicht gegenübergestanden und in seiner eigenen Kabine – aber es kam, wie ich erwartete: er schenkte mir keine Beachtung. Obgleich ein zufälliger Beobachter in seiner Erscheinung nichts Außergewöhnliches sehen wird, so mischte sich doch in die Verwunderung, mit der ich zu ihm aufsah, ein unwiderstehliches Gefühl von Ehrerbietung und Scheu. An Leibesgröße kommt er mir fast gleich; er hat also etwa fünf Fuß acht Zoll. Seine Gestalt ist stark und wohlgebaut, weder besonders robust noch sonstwie bemerkenswert. Es ist der eigenartige Gesichtsausdruck – ist die starke, wundersame, ergreifende Gewißheit so hohen, so ungeheuren Alters, was sich meiner Seele unauslöschlich einprägt. Seine nur wenig gefurchte Stirn scheint wie von Myriaden von Jahren gezeichnet. Seine grauen Haare sind Urkunden der Vergangenheit, und seine Augen, von noch tieferem Grau, Sibyllen der Zukunft.

Auf dem Boden der Kabine lagen allenthalben seltsame Folianten mit Eisenschlössern und verrostete Instrumente und veraltete, längst vergessene Karten. Er stützte den Kopf in die Hand und brütete mit fieberndem, unruhigem Blick über einem Pergamentblatt, das einen Befehl zu enthalten schien, wenigstens trug es die Unterschrift eines Monarchen. Er murmelte vor sich hin – ganz wie der erste Seemann, den ich im Schiffsraum gesehen hatte – und wieder waren es törichte, unverständliche Worte einer fremden Sprache; und obgleich der Mann dicht neben mir war, schien seine Stimme wie aus Meilenferne zu mir herzudringen.

Das Schiff und alles auf ihm ist wie mit Greisenhaftigkeit beladen. Die Mannschaft gleitet hin und her wie Gespenster begrabener Jahrhunderte; ihre Augen haben einen gierigen, rastlosen Ausdruck, und wenn ihre Gestalten im unsichern Schein der Laternen meinen Weg kreuzen, beschleicht mich ein Gefühl, wie ich es nie zuvor empfand, trotzdem ich mich mein Leben lang mit Altertümern befaßt und in Balbek und Tadmor und Persepolis die Schatten zerfallener Säulen in mich aufgesogen habe, bis meine Seele selber zur Ruine wurde.

Ich blicke um mich und schäme mich meiner früheren Besorgnisse. Wenn ich schon vor dem Winde zitterte, der uns bisher begleitete, muß ich nicht vor Entsetzen vergehen in diesem Chaos von Sturm und Meer, demgegenüber Bezeichnungen wie Wirbelwind und Samum bedeutungslos sind? In nächster Nähe des Schiffes ist alles Nacht und unergründlich schwarzes Wasser;

in der Entfernung von etwa einer Meile aber, zu beiden Seiten des Schiffes, sieht man undeutlich und in Abständen ungeheure Eiswälle in den trostlosen Himmel ragen, wie Mauern, die das Weltall umschließen.

Es ist, wie ich annahm: das Schiff befindet sich in einer Strömung – wenn man diesen Namen anwenden kann auf eine Flut, die heulend und kreischend zwischen den Eiswällen gen Süden donnert, mit der Geschwindigkeit eines sich überstürzenden Wasserfalls.

Das Grauen meiner Empfindungen zu begreifen, ist, wie ich annehme, ganz unmöglich; dennoch wird selbst meine Verzweiflung von der Neugier beherrscht, in die Geheimnisse dieser schaudervollen Gegend einzudringen, von einer Neugier, die mir die entsetzlichste Todesart erträglicher macht. Es ist Tatsache, daß wir irgendeiner unerhörten Erkenntnis entgegeneilen – irgendeinem unenthüllbaren Geheimnis, dessen Enträtselung Untergang bedeutet. Vielleicht führt dieser Strom uns bis zum Südpol selbst. Ich muß bekennen, daß diese augenscheinlich so absurde Vorstellung alle Wahrscheinlichkeit für sich hat.

Die Mannschaft wandert mit rastlosen, zitternden Schritten an Deck auf und ab; ihre Gesichter aber tragen eher den Ausdruck leidenschaftlicher Hoffnung als den mutloser Verzweiflung.

Wir treiben noch immer vor dem Wind, und da wir mit Segeln ganz bepackt sind, so wird das Schiff zuweilen geradezu in die Luft gehoben! O Grauen über Grauen! – Die Eismauern rechts und links hören plötzlich auf, und wir wirbeln in ungeheuren konzentrischen Kreisen dahin – rund um den Rand eines riesigen Amphitheaters, dessen gegenüberliegende Seite sich in Dunkel und Ferne verliert. Doch wenig Zeit bleibt mir, über mein Schicksal nachzudenken! Die Spiralen werden enger und enger – wir stürzen mit rasender Eile in den Strudel – und mitten im Donnergeheul von Meer und Sturm erbebt das Schiff, wankt und – o Gott! – versinkt!

Anmerkung: Die Arbeit »Das Manuskript in der Flasche« wurde zum ersten Male im Jahre 1831 veröffentlicht; und erst einige Jahre später wurden mir die Mercatorschen Seekarten bekannt, nach deren Darstellung der Ozean sich in vier Mündungen in den (nördlichen) Polargolf ergießt, um dort von den Eingeweiden der Erde verschlungen zu werden. Der Pol selbst ist dargestellt als ein schwarzer, zu gewaltiger Höhe aufragender Fels.

Ligeia

> Und es liegt darin der Wille, der nicht stirbt.
> Wer kennt die Geheimnisse des Willens und
> seine Gewalt? Denn Gott ist nichts als ein
> großer Wille, der mit der ihm eignen Kraft alle
> Dinge durchdringt. Der Mensch überliefert sich
> den Engeln oder dem Nichts einzig durch die
> Schwäche seines schlaffen Willens.
>
> *Joseph Glanvill*

Bei meiner Seele! ich kann mich nicht erinnern, wie, wann und wo ich die erste Bekanntschaft machte – der Lady Ligeia. Lange Jahre sind seitdem verflossen, und mein Gedächtnis ist schwach geworden durch vieles Leiden. Vielleicht auch kann ich mich dieser Einzelheiten nur darum nicht mehr erinnern, weil der Charakter meiner Geliebten, ihr umfassendes Wissen, ihre eigenartige und doch milde Schönheit und die überwältigende Beredsamkeit ihrer sanft tönenden Stimme – weil dies alles zusammen nur ganz allmählich und verstohlen den Weg in mein Herz nahm, zu allmählich, als daß ich daran gedacht hätte, mir jene äußeren Umstände einzuprägen.

Ich habe jedoch das Empfinden, als sei ich ihr zum ersten Mal und hierauf wiederholt in einer altertümlichen Stadt am Rhein begegnet. Und eins weiß ich bestimmt: sie erzählte mir von ihrer Familie, die sehr alten Ursprungs war. – Ligeia! Ligeia! – Trotzdem ich in Studien vergraben bin, deren Art mehr noch als alles andre dazu angetan ist, mich ganz von Welt und Menschen abzusondern, genügt dies eine süße Wort »Ligeia«, vor meinen Augen ihr Bild erstehen zu lassen – das Bild von ihr, die nicht mehr ist. Und jetzt, während ich schreibe, überfällt mich urplötzlich das Bewußtsein, daß ich von ihr, meiner Freundin und Verlobten, der Gefährtin meiner Studien und dem Weib meines Herzens, den Namen ihrer Familie nie erfahren habe. War es ein schalkhafter Streich, den Ligeia mir gespielt hatte? War es ein Beweis meiner bedingungslosen Hingabe, daß ich nie eine Frage danach tat? Oder war es meinerseits eine Laune, ein romantisches Opfer, das ich auf den Altar meiner leidenschaftlichen Ergebenheit niedergelegt hatte? Der bloßen Tatsache sogar kann ich mich nur unklar erinnern – was Wunder, daß ich die Gründe dafür vollständig vergessen habe! Und wirklich, wenn jemals der romantische Geist der bleichen und nebelbeschwingten Aschtophet des götzengläubigen Ägyptens, wie die Sage meldet, über unglückliche Ehen geherrscht hat, so ist es gewiß, daß er meine Ehe stiftete und beherrschte.

Immerhin hat mich wenigstens in einem Punkt meine Erinnerung nicht verlassen: die Persönlichkeit Ligeias steht mir heute noch klar vor Augen. Sie war von hoher, schlanker Gestalt, in ihren letzten Tagen sogar sehr hager. Vergebliches Bemühen wäre es, wenn ich eine Beschreibung der Erhabenheit, der würdevollen Gelassenheit ihres Wesens oder der unvergleichlichen Leichtigkeit und Elastizität ihres Schreitens versuchen wollte. Sie kam und ging wie ein Schatten. War sie in mein Arbeitszimmer gekommen, so bemerkte ich ihre Anwesenheit nicht eher, als bis ich den lieben Wohlklang ihrer sanften süßen Stimme vernahm oder ihre marmorweiße Hand auf meiner Schulter fühlte. Kein Weib auf Erden trug solche Schönheit im Antlitz wie sie! Strahlend schön war sie, wie die Erscheinung eines Opiumtraumes, wie eine göttliche, beseligende Vision – göttlicher noch als die Traumgebilde, die durch die schlafenden Seelen der Töchter von Delos wehen. Doch waren ihre Züge keineswegs von jener Regelmäßigkeit, wie die klassischen Bildwerke des Heidentums sie aufweisen und die man mit Unrecht so übertrieben bewundert. »Es gibt keine auserlesene Schönheit«, sagt Bacon Lord Verulam da, wo er von allen Formen und Arten der Schönheit spricht, »ohne eine gewisse Seltsamkeit in der Proportion.« Aber wenn ich auch sah, daß die Züge Ligeias nicht von klassischer Regelmäßigkeit waren, wenn ich auch feststellte, daß ihre Schönheit in der Tat »auserlesen« war, und fühlte, daß viel

»Seltsamkeit« in ihren Zügen lag, so habe ich doch vergebens versucht, dieser Unregelmäßigkeit auf die Spur zu kommen und meine Feststellung des »Seltsamen« zu begründen. Ich prüfte die Kontur der hohen und bleichen Stirn – sie war fehlerlos. Wie kalt klingt doch dies Wort für eine so göttliche Majestät, für die wie reinstes Elfenbein schimmernde Haut, die gebieterische Breite und ruhevolle Harmonie dieser Stirn, die sanfte Erhöhung über den Schläfen, die eine üppige Fülle rabenschwarzer glänzender Locken umschmiegte – Locken, die das homerische Epitheton »HYAZINTHEN« so wunderbar erfüllten! – Ich prüfte die feinen Linien der Nase: nirgends anders als auf althebräischen Medaillons hatte ich ebenso vollkommen Schönes gesehen; nur dort hatte ich eine gleich wundervolle Zartheit und dieselbe kaum wahrnehmbare Neigung zu sanfter Krümmung, dieselben harmonisch geschweiften Nasenflügel, die einen freien Geist verrieten, gefunden. – Ich betrachtete den süßen Mund. Hier feierten alle Himmelswonnen ihr triumphierendes Fest: dieser entzükkende Schwung der kurzen Oberlippe, diese weiche, wollüstige Ruhe der Unterlippe, diese tändelnden Grübchen, diese lokkende Farbe, diese schimmernden Zähne, die jeden Strahl des heiligen Lichtes widerspiegelten, mit dem ihr heiteres und ruhevolles und gleichwohl frohlockendes Lächeln sie blendend schmückte. – Ich prüfte die Form des Kinns und fand auch hier in seiner sanften Breite Majestät, Fülle und griechischen Geist – fand die Kontur, die der Gott Apoll dem Kleomenes, dem Sohn des Atheners, im Traume nur enthüllte. – Und dann vertiefte ich mich in Ligeias große Augen.

Für Augen finden wir im fernen Altertum kein Vorbild. Es mochte sein, daß eben hier – in den Augen meiner Geliebten – das Geheimnis lag, von dem Lord Verulam spricht. Sie schienen mir weit größer als sonst die Augen unsrer Rasse. Sie waren üppiger als selbst die üppigsten Augen der Gazellen vom Stamme des Tales Nourjahad. Doch geschah es nur zuzeiten – in Augenblicken tiefster Erregung, daß diese »Seltsamkeit«, von der ich vorhin sprach, deutlich wahrnehmbar bei ihr wurde. Und in solchen Augenblicken war Ligeias Schönheit – vielleicht kam es auch nur meiner erglühten Phantasie so vor – die Schönheit von überirdischen oder unirdischen Wesen, die Schönheit der sagenhaften Huri der Türken. Von strahlendstem Schwarz waren ihre Pupillen und waren tief beschattet von sehr langen, jettschwarzen Wimpern. Die Brauen, deren Linien kaum merklich unregelmäßig waren, hatten die gleiche Farbe. Die Seltsamkeit aber, die ich in den Augen fand, lag nicht in Form, Farbe oder Glanz, sie muß in ihrem Ausdruck wohl gelegen haben. Ach, bedeutungsloses Wort! Leeres Wort, hinter dessen bloßem Klang wir uns mit unsrer Unkenntnis alles Geistigen verschanzen!

Der Ausdruck von Ligeias Augen! O, wie viele Stunden habe ich ihm nachgesonnen! Wie habe ich eine ganze Mittsommernacht lang gerungen, ihn zu ergründen! Was war es, dies Etwas, das tief innen in den Pupillen meiner Geliebten verborgen lag, das unergründlicher war als die Quelle des Demokritos? Was war es? Ich war wie besessen von dem Verlangen, es zu entdecken. Diese Augen! Diese großen, diese schimmernden, diese göttlichen Augen! Sie wurden für mich die Zwillingssterne der Leda, und ich war ihr andächtigster Astrologe.

Es gibt in der Psychologie viele unlösbare Rätsel, das unheimlichste aber und aufregendste von allen erschien mir stets die Tatsache – die übrigens von den Psychologen kaum je erwähnt worden ist –, daß wir oft, wenn wir etwas längst Vergessenes wieder in unser Gedächtnis zurückrufen wollen, bis an die Schwelle des Erinnerns gelangen, ohne doch das, was sozusagen schon vor uns steht, wirklich festhalten zu können. Und wie oft, wenn ich den Augen Ligeias nachsann, fühlte ich mich der vollen Aufklärung über die Bedeutung ihres Ausdrucks ganz nahe: ich fühlte, diese Aufklärung war da – gleich, gleich würde ich sie erfassen und da entschwebte sie wieder, noch ehe ich sie hatte festhalten können. Und – sonderbares, o sonderbarstes Mysterium! – ich fand in den gewöhnlichsten Dingen von der Welt eine Reihe von Analogien zu diesem Ausdruck. Ich will damit sagen: nachdem Ligeias eigenartige Schönheit mir bewußt geworden war und nun im Altarschrein meines Herzens ruhte, lösten viele Erscheinungen der realen Welt dasselbe Empfinden in mir aus wie der Blick aus Ligeias großen, leuchtenden Augen. Trotzdem aber wollte es mir nicht gelingen, dies Empfinden zu ergründen oder zu zergliedern; auch überkam es mich nicht stets in der gleichen Stärke. Um mich näher zu erklären; jenes Gefühl erfüllte mich zum Beispiel beim Anblick einer schnell empor-schießenden Weinrebe, bei der Betrachtung eines Nachtfalters, einer Schmetterlingspuppe, eines eilig strömenden Wasserlaufes. Ich habe es im Ozean gefunden und beim Fallen eines Meteors, sogar im Blick ungewöhnlich alter Leute. Und es gibt am Firmament ein paar Sterne, vor allem ein veränderliches Doppelgestirn sechster Größe nahe beim großen Stern der Leier, bei deren Betrachtung durch das Teleskop ich mich des nämlichen Gefühls nicht erwehren konnte. Gewisse Töne von Saiteninstrumenten und bestimmte Stellen in Büchern durchschauerten mich in ähnlicher Art. Unter zahllosen andern Beispielen erinnere ich mich besonders eines Ausspruchs, den ich bei Joseph Glanvill fand und der – vielleicht nur wegen seiner Wunderlichkeit – immer wieder diese Stimmung in mir erweckte: »Und es liegt darin der Wille, der nicht stirbt. Wer kennt die Geheimnisse des Willens und seine Gewalt? Denn Gott ist nichts als ein großer Wille, der mit der ihm eignen Kraft alle Dinge durchdringt. Der Mensch überliefert sich den Engeln oder dem Nichts einzig durch die Schwäche seines schlaffen Willens!«

Eifriges Nachdenken lange Jahre hindurch hat mir nun wirklich gewisse leise Beziehungen gezeigt zwischen diesem Ausspruch des englischen Philosophen und einem Teil von Ligeias Wesen. Es lebte in ihr ein unerhört starker Wille, der während unseres langen Zusammenlebens nie spontan zutage trat, sondern sich nur in einer unglaublichen Anspannung des Denkens, Tuns und Redens zu erkennen gab. Von allen Frauen, die ich je kannte, war sie, die äußerlich ruhevolle, die stets gelassen milde Ligeia, wie keine andere die Beute der tobenden Geier grausamster Leidenschaftlichkeit. Und diese Leidenschaftlichkeit enthüllte sich mir nur im wundervollen Strahlen ihrer Augen, die mich gleichzeitig entzückten und entsetzten, in der fast zauberhaften Melodie, Weichheit, Klarheit und Würde ihrer sonoren Stimme und in der flammenden Energie, die in ihren seltsam gewählten Worten lag und die im Kontrast mit der Ruhe, mit der sie gesprochen wurden, doppelt wirkungsvoll war.

Ich erwähnte schon das umfassende Wissen Ligeias: ihre Kenntnisse waren unermeßlich – für eine Frau ganz unerhört. In allen klassischen Sprachen war sie Meister, und auch in den modernen Sprachen des Kontinents habe ich ihr, soweit ich selbst mit diesen Sprachen vertraut war, nie einen Fehler nachweisen können. Und gab es denn überhaupt irgendein Thema aus den Gebieten der höchsten und schwierigsten Wissenschaften, bei dem ich Ligeia jemals auf Unkenntnis oder Irrtum ertappt hätte? Wie sonderbar, wie schauerlich! Diese eine Seite nur vom Wesen meiner Frau ist meinem Gedächtnis heute noch erinnerlich. Ich sagte, an Wissen überragte sie weit alle anderen Frauen – doch wo lebt der Mann, der die philosophische, physikalische und mathematische Wissenschaft in ihrer ganzen unermeßlichen Ausdehnung so verständnisvoll studiert hätte?! Damals sah ich noch nicht, was ich jetzt klar erkenne, daß dies Wissen Ligeias unglaublich, daß es gigantisch war. Doch war ich mir ihrer unendlichen Überlegenheit genügend bewußt, um mich mit kindlichem Vertrauen ihrer Führung durch die chaotische Welt metaphysischer Probleme, mit denen ich mich während der ersten Jahre unserer Ehe eifrig beschäftigte, zu überlassen. Mit welch ungeheurem Triumph – mit welch lebhaftem Entzücken – mit welch himmlischer Hoffnung konnte ich, wenn sie in diesem so unbekannten, so wenig gepflegten Studium sich helfend zu mir neigte, fühlen, wie vor mir der herrlichste Ausblick sich öffnete und ein in diese glänzenden Höhen führender, langer, köstlicher und noch ganz unbetretener Pfad sichtbar wurde, auf dem ich wohl endlich empor ans Ziel einer Weisheit gelangen durfte, die zu göttlich erhaben ist, um nicht verboten zu sein!

Wie heftig muß da der Gram gewesen sein, mit dem ich einige Jahre später meine so festgegründeten Hoffnungen Flügel nehmen und sich davonschwingen sah! Ohne Ligeia war ich nichts als ein durch Dunkel tastendes Kind. Nur ihre Gegenwart, ihr Erklären brachte helles Licht in die vielen Mysterien des Transzendentalen, in die wir eingedrungen waren. Wenn den golden züngelnden Schriftzeichen der leuchtende Glanz ihrer Augen fehlte, wurden sie matter als stumpfes Blei. Und seltener und seltener fiel nun der Strahl dieser Augen auf die Blätter, über deren Inhalt ich brütete. Ligeia wurde krank. Die herrlichen Augen strahlten in übernatürlichen Flammen, die bleichen Hände wurden wachsfarben wie bei einem Toten, und die blauen Adern auf der hohen Stirn hoben sich und pochten ungestüm bei der geringsten Aufregung. Ich sah, daß sie sterben mußte – und mein Geist rang verzweifelt mit dem grimmen Azrael.

Noch angestrengter als ich – rang zu meinem Erstaunen das leidenschaftliche Weib. So manches in ihrer ernsten Natur hatte in mir den Glauben gezeitigt, daß für sie der Tod keine Schrekken haben werde – doch dem war nicht so. Es gibt keine Worte, die auch nur annähernd die Wildheit ihres Widerstandes beschreiben könnten, den sie dem Schatten Tod entgegensetzte. Ich stöhnte gequält bei diesem mitleiderregenden Anblick. Ich wollte besänftigen, aber gegenüber der unheimlichen Gewalt, mit der sie nur leben – nur leben – nichts als leben wollte, schienen Trost und Zuspruch unsäglich albern. Aber trotzdem sich ihr feuriger Geist so wild gebärdete, bewahrte sie die Hoheit ihres äußeren Wesens bis zum letzten Augenblick, dem Augenblick des Todeskampfes. Ihre Stimme wurde noch sanfter – wurde noch tiefer – dennoch möchte ich jetzt bei dem grausigen Sinn der Worte, die sie in aller Ruhe sprach, nicht nachdenkend verweilen. Mein Geist, der diesen überirdischen Tönen hingerissen lauschte – diesem Hoffen und Ringen, dieser gewaltigen Sehnsucht, wie nie zuvor ein Sterblicher sie fühlte – taumelte und verwirrte sich.

Daß sie mich liebte, daran hatte ich nie gezweifelt, auch konnte ich mir wohl sagen, daß die Liebe eines solchen Herzens nicht mit gewöhnlichem Maß zu messen sei. Aber erst in ihrem Sterben erhielt ich von der wahren Kraft ihrer Liebe den vollen Eindruck. Lange Stunden hielt sie meine Hand und schüttete vor mir das Überfluten eines Herzens aus, dessen mehr als leidenschaftliche Ergebenheit an Anbetung grenzte. Wie hatte ich es verdient, mit solchen Bekenntnissen gesegnet zu werden? Und wie hatte ich es verdient, durch den Verlust der Geliebten verdammt zu werden – in der nämlichen Stunde, da sie mir diese Bekenntnisse machte? Doch ich kann es nicht ertragen, von diesen Dingen zu sprechen. Nur eines laßt mich sagen: ich erkannte in Ligeias mehr als weiblicher Hingabe an eine Liebe, die ich, ach, gar so wenig verdiente, den wahren Grund für ihr so tiefes, so wildes Begehren nach dem Leben – dem Leben, das jetzt so eilend entfloh. Für dies wilde Sehnen, für diese Gier und Gewalt des Verlangens nach Leben – nur nach Leben – finde ich keine Ausdrucksmöglichkeit; keine Worte gibt es, die es sagen könnten.

In der Nacht ihres Scheidens ließ sie mich nicht von ihrer Seite. In tiefster Mitternachtsstunde bat sie mich, ihr einige Verse herzusagen, die sie selbst wenige Tage vorher verfaßt hatte. Ich gehorchte. Hier sind sie:

> O schaut, es ist festliche Nacht
> Inmitten einsam letzter Tage!
> Ein Engelchor, schluchzend, in Flügelpracht
> Und Schleierflor, sieht zage
> Im Schauspielhaus ein Schauspiel an
> Von Hoffnung, Angst und Plage,
> Derweil das Orchester dann und wann
> Musik haucht: Sphärenklage.

Schauspieler, Gottes Ebenbilder,
Murmeln und brummeln dumpf
Und hasten planlos, immer wilder,
Sind Puppen nur und folgen stumpf
Gewaltigen düsteren Dingen,
Die umziehn ohne Form und Rumpf
Und dunkles Weh aus Kondorschwingen
Schlagen voll Triumph.

Dies närrische Drama! – O fürwahr,
Nie wird's vergessen werden,
Nie sein Phantom, verfolgt für immerdar
Von wilder Rotte rasenden Gebärden,
Verfolgt umsonst – zum alten Fleck
Kehrt stets der Kreislauf neu zurück
Und nie die Tollheit, die Sünde, der Schreck
Und das Grausen: die Seele vom Stück.

Doch sieh, in die mimende Runde
Drängt schleichend ein blutrot Ding
Hervor aus ödem Hintergrunde
Der Bühne – ein blutrot Ding.
Es windet sich! – windet sich in die Bahn
Der Mimen, die Angst schon tötet;
Die Engel schluchzen, da Wurmes Zahn
In Menschenblut sich rötet.

Aus – aus sind die Lichter – alle aus!
Vor jede zuckende Gestalt
Der Vorhang fällt mit Wetterbraus,
Ein Leichentuch finster und kalt.
Die Engel schlagen die Schleier zurück,
Sind erbleicht und entschweben in Sturm;
»Mensch« nennen sie das tragische Stück,
Seinen Helden »Eroberer Wurm«.

»O Gott!« schrie Ligeia, sprang vom Bett auf und reckte die Arme empor. »Gott! Gott! O göttlicher Vater! Muß das immer unabänderlich so sein? Soll dieser Sieger nie, niemals besiegt werden? Sind wir nicht Teil und Teile von dir? Wer – wer kennt die Geheimnisse des Willens und seine Gewalt? Der Mensch überliefert sich den Engeln oder dem Nichts einzig durch die Schwäche seines schlaffen Willens.«

Und nun, wie von innrer Bewegung überwältigt, ließ sie die weißen Arme sinken und kehrte feierlich auf ihr Sterbebett zurück. Und als sie die letzten Seufzer hauchte, kam gleichzeitig ein leises Murmeln von ihren Lippen. Ich legte das Ohr an ihren Mund und vernahm wieder die Schlußworte des Glanvillschen Ausspruchs: »Der Mensch überliefert sich den Engeln oder dem Nichts einzig durch die Schwäche seines schlaffen Willens.«

Sie starb. Und ich, den der Gram völlig zermalmt hatte, konnte nicht länger die einsame Verlassenheit meiner Behausung in der düsteren und verfallenen Stadt am Rhein ertragen. Ich hatte keinen Mangel an dem, was die Welt »Besitz« nennt; Ligeia hatte mir viel mehr, o sehr viel mehr gebracht, als für gewöhnlich einem Sterblichen zufällt. So kam es, daß ich nach einigen Monaten planlosen und ermüdenden Umherwanderns in einer der wildesten und abgelegensten Gegenden des schönen Englands eine alte Abtei, deren Namen ich nicht nennen möchte, käuflich erwarb und instand setzte. Die düstre und traurige Majestät des Gebäudes, die unglaubliche Verwilderung der Ländereien, die vielen melancholischen und altehrwürdigen Erinnerungen, die sich an beide knüpften, hatten viel gemein mit dem Gefühl äußerster Verlassenheit, das mich in jenen entlegenen und unwirtlichen Teil des Landes hingetrieben hatte. An dem Abteigebäude selbst mit seinem verwitterten, unter blühendem Grün verborgenen Mauerwerk nahm ich keine Veränderungen vor, dagegen widmete ich mich mit kindischem Eigensinn und vielleicht auch in der schwachen Hoffnung, meinen Kummer so zu zerstreuen, der Ausstattung der Innenräume und entfaltete hier eine ganz ungewöhnliche Pracht. Ich hatte schon als Kind Geschmack an solchen Torheiten gefunden, und jetzt, da mich mein Kummer wieder hilflos macht, stellte sich jener kindliche Trieb von neuem ein. Ich, ich fühle, wie viel Spuren von Geistesverwirrung sogar in den prunkhaften und phantastischen Draperien, in den feierlichen ägyptischen Schnitzereien, in den grotesken Möbeln, in den tollen Mustern der goldgewirkten Teppiche zu finden waren. Ich lag, ein gefesselter Sklave, in den Banden des Opiums, und meine Handlungen und Anordnungen hatten den Charakter meiner Träume angenommen. Doch ich will nicht bei der Beschreibung dieser Torheiten verweilen, laßt mich nur von jenem einen verfluchten Gemach sprechen, in das ich in einem Anfall von geistiger Umnachtung sie als mein angetrautes Weib führte – als die Nachfolgerin der unvergessenen Ligeia – sie, die blondhaarige und blauäugige Lady Rowena Trevanion of Tremaine.

Selbst die unbedeutendste Einzelheit in Architektur und Ausstattung dieses Brautgemachs steht mir noch jetzt deutlich vor Augen. Was dachten sich nur die goldgierigen, hochmütigen Angehörigen meiner Braut, als sie einem so geliebten Mädchen, einer so geliebten Tochter gestatteten, die Schwelle eines derart ausgeschmückten Brautgemachs zu überschreiten.

Trotzdem leider so manche tief bedeutsamen Dinge meinem Gedächtnis entschwanden, so sind mir doch, wie ich schon sagte, die geringsten Einzelheiten dieses Zimmers gegenwärtig; ich erinnere mich ihrer, obgleich in diesem phantastischen Prunk kein System, kein Halt war, an die mein Erinnern sich hätte klammern können. Das Zimmer lag in einem hohen Turm der burgartig gebauten Abtei; es war ein fünfeckiger Raum von beträchtlicher Größe. Die ganze Südseite des Fünfecks nahm das einzige Fenster ein, eine ungeteilte, riesige Scheibe venezianischen Glases von bleifarbener Tönung, so daß Sonnenlicht wie Mondglanz über die Gegenstände des Zimmers nur einen gespenstischen Schein gossen. Der obre Teil dieser ungeheuren Fensterscheibe wurde durch das Rankenwerk eines uralten Weinstocks, der an den massigen Mauern des Turmes emporkletterte, dunkel beschattet. Das düstere Eichenholz der außerordentlich hoch gewölbten Zimmerdecke war mit Schnitzereien in halb gotischem, halb druidenhaftem Stil überladen. Genau aus dem Mittelpunkt dieser melancholischen Wölbung hing an einer einzigen goldenen, langgegliederten Kette ein mächtiger, goldener Kronleuchter in Form eines Weihrauchbeckens, mit sarazenischem Bildwerk geschmückt. Dieser Kronleuchter hatte rundum viele Öffnungen, aus denen wie lebhafte Schlangen fortwährend die buntesten Flammen züngelten.

Ein paar Ottomanen und goldene orientalische Kandelaber waren im Raum verteilt. Und da stand auch das Lager, das Brautbett! Es war nach einem indischen Modell gearbeitet; es war niedrig und aus massivem Ebenholz geschnitzt und von einem Baldachin, der einem Bahrtuch glich, überdacht. In jeder Ecke des Zimmers stand aufrecht ein riesiger, schwarzgranitener Sarkophag, den unsterbliche Skulpturen schmückten. Diese Sarkophage stammten aus den Königsgräbern von Luxor. Aber noch mehr als in allem andern waltete meine unheimliche Phantasie in der Wandverkleidung des Gemachs. Die unverhältnismäßig hohen Wände waren von der Decke bis zum Fußboden mit faltenreichem schweren Goldstoff verhangen – demselben Stoff, der als Fuß- und Ottomanenteppich, als Bettdecke und Baldachin sowie als prunkhafter Überhang der einen Teil des Fensters überschattenden Vorhänge Verwendung gefunden hatte. Dieser Goldstoff trug in unregelmäßigen Zwischenräumen arabeskenartige Figuren von einem Fuß Durchmesser, die aus tiefschwarzem Stoff gearbeitet waren. Aber nur von einer einzigen Stelle aus betrachtet schienen diese Figuren nichts als Arabesken zu sein. Infolge eines heute allgemein bekannten Verfahrens, das man jedoch schon im frühen Altertum anwendete, boten sie dem Beschauer von jeder Seite ein andres Bild. Wenn man das Zimmer betrat, erschienen sie einfach nur wie Monstrositäten, je mehr man sich ihnen aber näherte, desto bestimmtere Gestalt nahmen sie an, und Schritt für Schritt, je nach dem vom Beschauer gewählten Standpunkt, sah man sich von einer wechselnden Prozession gespensterhafter Wesen umringt, wie etwa der Aberglaube der Normannen sie ersonnen hat oder ein Mönch in verbrecherischem Traum sie erschauen mag. Der gespenstische Eindruck wurde noch erhöht durch einen künstlich hinter die Draperien geführten ununterbrochenen Luftzug, der dem Ganzen eine rastlose und abscheuliche Lebendigkeit verlieh.

In solchem Raum also, in solchem Brautgemach verlebte ich mit Lady Rowena of Tremaine die gottlosen Stunden unsres Honigmondes – ohne viel Aufregung. Daß mein Weib vor meiner Übellaunigkeit Furcht hatte, daß sie mir aus dem Wege ging und mir nur wenig Liebe entgegenbrachte, konnte mir nicht entgehen, aber gerade dies freute mich mehr, als wenn es anders gewesen wäre. Ich verabscheute sie, ich haßte sie – mit einer Inbrunst, die geradezu teuflisch war. Mein Erinnern floh – o mit welch tiefem Leidgefühl – zu Ligeia zurück, der Geliebten, der Hehren, der Schönen, der Begrabenen! Ich schwelgte im Gedenken ihrer Reinheit und Weisheit, ihres erhabenen, ihres himmlischen Wesens, ihrer leidenschaftlichen, ihrer anbetenden Liebe. Jetzt lohte in meiner Seele noch wildere, noch heißere Flamme, als sie in ihr, in Ligeia, gebrannt hatte. In den Ekstasen meiner Opiumträume – ich lag fast immer im Bann dieses Giftes – rief ich wieder und wieder ihren Namen durch das Schweigen der Nacht oder bei Tag durch die schattigen Schluchten der Landschaft. Es war, als ob das wilde Verlangen, die tiefernste Leidenschaft, das verzehrende Feuer meiner Sehnsucht nach der Dahingegangenen sie auf den irdischen Pfad zurückführen müßten, den sie – ach konnte es denn für ewig sein? – verlassen hatte.

Gegen Beginn des zweiten Monats unsrer Ehe wurde Lady Rowena plötzlich von einer Krankheit befallen, von der sie nur langsam genas. Zehrendes Fieber machte ihre Nächte unruhig, und in ihrem aufgeregten Halbschlummer redete sie von gespenstischen Lauten und Schatten, die im Turmzimmer und in seiner nächsten Umgebung sich vernehmen, sich sehen ließen. Ich hielt diese Äußerungen natürlich für Einbildungen einer kranken Phantasie, die allerdings durch das unheimliche Zimmer geweckt sein konnte. Sie erholte sich schließlich wieder – und genas endlich völlig. Doch nur für kurze Zeit; denn bald warf ein zweiter, heftiger Anfall sie von neuem aufs Krankenlager. Und von diesem Rückfall erholte sie, die ohnedies von zarter Gesundheit war, sich nie mehr vollständig. Die Krankheitserscheinungen, die dem zweiten Anfall folgten, waren sehr beunruhigend und spotteten aller Wissenschaft und allen Bemühungen der Ärzte. Mit dem Anwachsen ihres chronischen Leidens, das ersichtlich schon tiefer wurzelte, als daß man ihm mit Medikamenten erfolgreich hätte beikommen können, bemerkte ich auch eine Steigerung ihrer nervösen Reizbarkeit und ihres schreckhaften Entsetzens bei ganz nichtigen Anlässen. Sie sprach wieder – und häufiger und hartnäckiger jetzt – von den Lauten, den ganz leisen Lauten, und von den seltsamen Schatten, die sich an den Wänden regten.

In einer Nacht, es war gegen Ende September, wies sie meine Aufmerksamkeit mit mehr als gewöhnlichem Nachdruck auf diese peinigenden Ängste hin. Sie war soeben aus unruhigem Schlummer erwacht, und ich hatte – halb in Besorgnis und halb in Entsetzen – das Arbeiten der Muskeln in ihrem abgemagerten Gesicht beobachtet. Ich saß seitwärts von ihrem Ebenholzbett auf einer der indischen Ottomanen. Sie richtete sich halb auf und sprach in eindringlichem leisen Flüstern von Lauten, die sie jetzt vernahm, die ich aber nicht hören konnte – von Bewegungen, die sie jetzt sah, die ich aber nicht wahrnehmen konnte. Der Wind wehte hinter der Wandverkleidung in hastigen Zügen, und ich hatte die Absicht, ihr zu zeigen (was ich allerdings, wie ich bekenne, selbst nicht ganz glauben konnte), daß dieses kaum vernehmbare Atmen, daß diese ganz geringen Verschiebungen der Gestalten an den Wänden nur die natürliche Folge des Luftzuges seien. Doch ein tödliches Erbleichen ihrer Wangen ließ mich einsehen, daß meine Bemühungen, sie zu beruhigen, fruchtlos sein würden. Sie schien ohnmächtig zu werden, und keiner der Dienstleute war in Rufnähe. Doch da erinnerte ich mich einer Flasche leichten Weines, den die Ärzte verordnet hatten, und eilte quer durchs Zimmer, um sie zu holen. Doch als ich unter den Flammen des Weihrauchbeckens angekommen war, erregten zwei sonderbare Umstände meine Aufmerksamkeit. Ich fühlte, daß ein unsichtbares, doch greifbares Etwas leicht an mir vorbeistreifte, und ich sah, daß auf dem goldenen Teppich, genau in der Mitte des reichen Glanzes, den die Ampel darauf niederwarf, ein Schatten – ein schwacher, undeutlicher, geisterhafter Schatten lag; so zart war er, daß man ihn für den Schatten eines Schatten hätte halten können. Aber ich war infolge einer ungewöhnlich großen Dosis Opium sehr aufgeregt und achtete dieser Erscheinungen kaum, erwähnte sie auch Rowena gegenüber nicht.

Ich fand den Wein, schritt quer durchs Zimmer ans Bett zurück, füllte ein Kelchglas und brachte es an die Lippen der nahezu ohnmächtigen Kranken. Sie hatte sich ein wenig erholt und ergriff selbst das Glas; ich sank auf die nächste Ottomane und sah gespannt zu meinem Weib hinüber. Da geschah es, daß ich deutlich einen leisen Schritt über den Teppich zum Lager hinschreiten hörte; und eine Sekunde später, als Rowena den Wein an die Lippen führte, sah ich – oder träumte, daß ich es sah –, wie, aus einer unsichtbaren Quelle in der Atmosphäre des Zimmers kommend, drei oder vier große Tropfen einer strahlenden, rubinroten Flüssigkeit in den Kelch fielen. Ich sah dies – Rowena sah es nicht. Sie trank den Wein ohne Zögern, und ich unterließ es, ihr von der Erscheinung zu sprechen, die – wie ich mir nach reiflicher Überlegung sagte – vielleicht nur eine Vorspiegelung meiner lebhaften Einbildungskraft gewesen war, die durch die Äußerungen der Leidenden, durch das Opium und durch die späte Nachtstunde krankhaft erregt sein mußte.

Dennoch konnte ich mir nicht verhehlen, daß die Krankheit meiner Frau, nachdem sie den Becher geleert hatte, eine rapide Wendung zum Schlimmsten nahm. Und in der dritten Nacht darauf kleideten die Dienerinnen Lady Rowena in das Leichengewand – und in der vierten Nacht saß ich allein bei ihrem Leichnam in dem seltsamen Gemach, in das sie als meine Braut eingetreten war.

Wilde Visionen, eine Folge des Opiumgenusses, umschwebten mich wie Schatten. Meine Blicke musterten unruhig die in den Ecken des Zimmers aufgestellten Sarkophage, die veränderlichen Gestalten des Wandteppichs und die züngelnden, buntfarbigen Flammen des Weihrauchbeckens mir zu Häupten. Ich erinnerte mich der sonderbaren Erscheinungen jener Nacht, in der über das Leben Rowenas entschieden wurde und blickte unwillkürlich auf die vom Ampellicht bestrahlte Stelle des Teppichs, wo ich damals den schwachen Schein eines Schattens bemerkt hatte. Es ließ sich jedoch nichts mehr sehen, und ich wandte mich aufatmend ab und heftete meine Blicke auf das bleiche und starre Antlitz der Aufgebahrten. Da überfielen mich tausend liebe Erinnerungen an Ligeia, und über mein Herz stürzte mit der Wucht eines Gießbaches das ganze unsagbare Weh, mit dem ich sie im Leichentuch gesehen hatte. Die Stunden gingen, und immer noch saß ich und starrte Rowena an, das Herz geschwellt vom Gedenken an die eine Einzige, die himmlisch Geliebte.

Es mochte gegen Mitternacht sein – vielleicht etwas früher oder später, ich hatte der Zeit nicht geachtet –, als ein leiser, zarter, aber deutlich wahrnehmbarer Seufzer mich aus meinen Träumen aufschreckte. Ich fühlte, daß er vom Ebenholzbett her kam – vom Totenbett. Ich lauschte in angstvollem, abergläubischem Entsetzen – aber der Laut wiederholte sich nicht. Ich strengte meine Augen an, um irgendeine Bewegung des entseelten Körpers wahrzunehmen, nicht die mindeste Regung war zu entdecken. Dennoch konnte ich mich nicht getäuscht haben. Ich hatte das Geräusch, wie schwach es auch gewesen sein mochte, tatsächlich vernommen, und meine Seele war erwacht und lauschte. Ich heftete meine Augen durchdringend und mit aller Willenskonzentration auf den Totenleib. Viele Minuten vergingen, ehe sich auch nur das geringste ereignete, das Licht in dies Geheimnis bringen konnte. Endlich sah ich ganz deutlich, daß ein leiser, ein ganz schwacher und kaum wahrnehmbarer Hauch sowohl die Wangen wie auch die eingesunkenen feinen

Adern der Augenlider gerötet hatte. Ein namenloses Grausen, eine wahnsinnige Furcht, für die es keine Worte gibt, ließ mich auf meinem Sitz zu Stein erstarren und lähmte das Pulsen meines Herzens. Und doch gab mir schließlich ein gewisses Pflichtgefühl meine Selbstbeherrschung zurück. Ich konnte nicht länger daran zweifeln, daß wir in unserm Vorgehen allzu voreilig gewesen waren, ich konnte nicht länger daran zweifeln – daß Rowena lebte. Man mußte sofort Wiederbelebungsversuche anstellen. Doch der Turm lag ganz abseits von den andern Gebäuden, in denen die Dienerschaft untergebracht war – keiner der Leute befand sich in Hörweite – wollte ich sie zu meiner Hilfe herbeiholen, so hätte ich das Zimmer auf viele Minuten verlassen müssen – das aber durfte ich nicht wagen. Ich bemühte mich daher allein, die Seele, die noch nicht ganz entflohen schien, wieder ins Leben zu rufen. Aber schon nach kurzer Zeit war ersichtlich ein Rückfall eingetreten; die Farbe verschwand von Wangen und Augenlidern, die nun bleicher noch als Marmor erschienen. Die Lippen schrumpften ein und kniffen sich zusammen und trugen den gräßlichen Ausdruck des Todes; eine widerliche, klebrige Kälte breitete sich schnell über den ganzen Leib, der überdies vollständig steif und starr wurde. Schauernd sank ich auf das Ruhebett zurück, von dem ich in so fassungslosem Schreck aufgescheucht worden war, und gab mich von neuem leidenschaftlichen, wachen Visionen hin, in denen ich Ligeia vor mir sah.

So war eine Stunde verstrichen, als ich – konnte es möglich sein? – ein zweites Mal von der Gegend des Bettes her einen schwachen Laut vernahm. Ich lauschte in höchstem Grauen. Der Ton wiederholte sich – es war ein Seufzer. Ich eilte zur Leiche hin und sah – sah deutlich –, daß die Lippen zitterten. Eine Minute später öffneten sie sich und legten eine Reihe perlenschöner Zähne bloß. Zu der tiefen Furcht, die mich bis jetzt gebannt hielt, gesellte sich nun auch Bestürzung. Ich fühlte, wie es dunkel vor meinen Augen wurde, wie meine Gedanken wanderten, und nur durch ganz gewaltige Anstrengung gelang es mir, mich für die Aufgabe, auf die mich die Pflicht nun wiederum hinwies, zu stählen. Sowohl auf der Stirn wie auf Wangen und Hals war jetzt ein sanftes Glühen zu bemerken, eine fühlbare Wärme durchdrang den ganzen Körper, am Herzen ließ sich sogar ein leichter Pulsschlag spüren. Die Tote lebte, und mit doppeltem Eifer unterzog ich mich den Wiederbelebungsversuchen. Ich rieb und berührte die Schläfen und die Hände und wendete alles an, was Erfahrung und eine gute Belesenheit in medizinischen Dingen erdenken konnten. Doch vergeblich. Plötzlich verschwand die Farbe, der Pulsschlag hörte auf, die Lippen nahmen wieder den Ausdruck des Todes an, und einen Augenblick danach hatte der Körper die frostige Eiseskälte, den bleiernen Farbton, die vollkommene Starre, die eingesunkenen Formen und all die widerlichen Eigenschaften dessen, der schon seit vielen Tagen ein Bewohner des Grabes gewesen war.

Und wieder sank ich in Träume von Ligeia – und wieder – was Wunder, daß ich beim Schreiben jetzt noch schaudere – wieder drang vom Ebenholzbett her ein leiser Seufzer an mein Ohr. Aber warum soll ich die unaussprechlichen Schrecken jener Nacht in allen Einzelheiten schildern? Warum soll ich darüber nachsinnen, wie ich es ausmalen könnte, wie bis zur Morgendämmerung dies fürchterliche Drama des Wiederbelebens und des Wiederabsterbens sich fortsetzte, wie jeder schreckliche Rückfall einen tiefren, unlöslicheren Tod bedeutete, wie jede Agonie wie ein Ringen mit einem unsichtbaren Feind erschien und wie jeder Kampf ich weiß nicht was für eine gräßliche Veränderung in der Erscheinung des Körpers nach sich zog? Laßt mich zum Schluß eilen.

Der größte Teil der furchtbaren Nacht war dahingegangen, und sie, die totgewesen, rührte sich wieder. Und die Lebenszeichen waren jetzt kräftiger als bisher, obgleich sie vordem in eine Auflösung gesunken war, die gräßlicher schien als alle früheren. Ich hatte es schon längst aufgegeben, mich zu bemühen, mich überhaupt noch zu rühren. Ich saß erstarrt auf der Ottomane – eine hilflose Beute wilder Aufregungen, deren am wenigsten schreckliche, am wenigsten aufreibende wohl eine maßlose Angst war. Der Leichnam, ich wiederhole es, rührte sich, und zwar lebhafter als bisher. Die Farben des Lebens schossen mit unglaublicher Energie ins Antlitz, die Glieder wurden wieder beweglich; und wenn die Augenlider nicht noch immer fest geschlossen geblieben wären, wenn der Leib nicht noch immer still in seinen Grabtüchern und Bändern dagelegen hätte, so hätte ich glauben müssen, daß Rowena sich endgültig aus den Fesseln des Todes befreit habe. Doch wenn bis dahin dieser Gedanke noch entschieden zurückgewiesen werden mußte, so schwanden alle Zweifel, als nun das leichentuchumhüllte Wesen vom Bette aufstand und schwankend, unsicheren Schrittes, mit geschlossenen Augen und mit dem Gebaren eines Traumwesens, doch körperlich sichtbar und fühlbar, sich in die Mitte des Zimmers vorbewegte.

Ich zitterte nicht – ich rührte mich nicht – denn ein Schwarm seltsamer Empfindungen, die sich an das Aussehen, die Gestalt und ihre Bewegungen knüpften, hatte mein Hirn überfallen und mich ganz gelähmt. Ich rührte mich nicht – doch meine Blicke hingen an der Erscheinung. Meine Gedanken taumelten wie im Wahnsinn – tobten und ließen sich nicht halten und bändigen. Konnte das wirklich die lebende Rowena sein, die mir da gegenüberstand? Konnte es überhaupt Rowena sein – die blondhaarige, blauäugige Lady Rowena Trevanion of Tremaine? Warum, warum sollte ich es bezweifeln? Die Binde lag fest um den Mund – aber warum sollte es nicht der Mund, der atmende Mund der Lady of Tremaine sein? Und die Wangen – sie trugen Rosen wie im Mittag ihres Lebens – ja, das waren wohl sicher die schönen Wangen der lebenden Lady of Tremaine. Und das Kinn, das Kinn mit den Grübchen der Gesundheit, war es nicht das ihre? – Aber war sie denn in ihrer Krankheit gewachsen? Welch unaussprechlicher Wahnsinn faßte mich bei dem Gedanken? Ein Sprung, und ich lag zu ihren Füßen! Sie wich meiner Berührung aus, und die gräßlichen Leintücher, die den Kopf umschlossen hatten, lösten sich und fielen nieder – und in die wehende Atmosphäre des Gemachs strömten gewaltige Wogen aufgelösten

Haares: es war schwärzer als die Rabenschwingen der Mitt-nacht! Und nun öffneten sich langsam die Augen der Gestalt, die dicht vor mir stand. »Hier, hier endlich«, schrie ich laut, »kann ich mich niemals – niemals irren: dies sind die großen und die schwarzen und die wilden Augen – meiner verlorenen Gelieb-ten – die Augen der Lady – der Lady Ligeia!«

William Wilson

Was sagt von ihm das grimme Gewissen,
Jenes Gespenst in meinem Weg?
W. Chamberlaynes Pharonnia

Erlaubt, daß ich mich William Wilson nenne. Das reine schöne Blatt hier vor mir soll nicht mit meinem wahren Namen befleckt werden, der meine Familie mit Abscheu und Entsetzen, ja mit Ekel erfüllt. Haben nicht die empörten Winde seine Schmach bis in die entlegensten Länder der Erde getragen? Verworfenster aller verlassenen Verworfenen, bist du für die Welt nicht auf immer tot? Tot für ihre Ehren, ihre Blumen, ihre goldenen Hoffnungen? Und hängt sie nicht ewig zwischen deinem Hoffen und dem Himmel – die dichte schwere grenzenlose graue Wolke?

Selbst wenn ich es könnte, würde ich es doch vermeiden, von dem unaussprechlichen Elend und der unverzeihlichen Verdorbenheit meiner letzten Jahre hier zu reden. Von dieser Zeit – von diesen letzten Jahren, die meine Seele so mit Schändlichkeit belastet, will ich nur insofern reden, als ich versuchen will, hier niederzulegen, was mich so in die Tiefen des Bösen hineingetrieben. Gewöhnlich sinkt der Mensch nur nach und nach. Von mir fiel alle Tugend in einem Augenblicke ab, gleich einem Mantel. Aus verhältnismäßig geringer Schlechtigkeit wuchs ich mit Riesenkraft zu den Ungeheuerlichkeiten eines Heliogabalus auf. Welcher Zufall – welches eine Ereignis dies veranlaßte, will ich euch jetzt berichten. Mir naht der Tod, und der Schatten, der ihm vorhergeht, hat meinen Geist sanftmütig gemacht. Da ich nun das düstere Tal durchschreiten muß, verlangt mich nach dem Mitgefühl, fast hätte ich gesagt nach dem Mitleid meiner Menschenbrüder. Ich möchte sie gerne davon überzeugen, daß ich in gewissem Grade der Sklave von Umständen gewesen bin, die außerhalb menschlicher Berechnung liegen. Ich möchte, daß sie inmitten der Einzelheiten, die ich hier wiedergeben will, in all der Wüste von Fehl und Verirrung, hie und da wie eine Oase die unerbittliche *Schicksalsfügung* fänden. Ich möchte, daß sie eingeständen, daß – wie sehr auch wir Menschen von Anbeginn der Welt versucht worden – nicht einer so versucht wurde wie ich und gewißlich nicht einer so unterlag. Lebte ich nicht vielleicht in einem Traum und sterbe als ein Opfer geheimer und schrecklicher äußerer Kräfte, die in uns wirken?

Ich bin der Abkömmling eines Geschlechtes, das sich von jeher durch eine starke Einbildungskraft und ein leicht erregbares Temperament auszeichnete; und schon in frühester Kindheit bewies ich, daß ich ein echter Erbe dieser Familienveranlagung sei. Je mehr ich heranwuchs, desto mehr entwickelten sich jene Eigenschaften, die aus vielen Gründen meinen Freunden zu einer Quelle der Besorgnis und mir selbst zum Kummer wurden. Ich wurde eigensinnig, ein Sklave all meiner wunderlichen Leidenschaften. Meine willensschwachen Eltern, die im Grunde an denselben Fehlern litten wie ich, konnten wenig tun, meine bösen Neigungen zu unterdrücken. Einige schwache und unrichtig angefangene Versuche endeten für sie in völligem Mißlingen und infolgedessen für mich in hohem Triumph. Von nun ab war mein Wort Gesetz im Hause, und in einem Alter, in dem andere Kinder fast noch am Gängelbande hängen, war ich in Tun und Lassen mein eigner Herr.

Meine ersten Erinnerungen an einen regelrechten Unterricht sind mit einem großen weitläufigen Hause in einem düsteren Städtchen Englands verknüpft, wo es eine große Menge riesiger, knorriger Bäume gab und alle Häuser uralt waren. Ja wirklich, es war ein Städtchen wie in einem stillen Traum; alles dort wirkte ehrwürdig und beruhigend. Jetzt, da ich das schreibe, fühle ich wieder im Geiste die erfrischende Kühle seiner tiefschattigen Alleen, atme den Duft seiner tausend Büsche und Hecken und erschauere von neuem unter dem tiefdunklen Ton seiner Kirchenglocken, die Stunde für Stunde mit plötzlichem Dröhnen die Sonnennebel durchbrachen, in die der verwitterte Kirchturm schlummernd eingebettet lag.

Das Verweilen bei diesen Einzelheiten der Schule und ihrer Umgebung bereitet mir vielleicht die einzige Freude, deren ich jetzt noch fähig bin. Mir, der ich so tief im Elend stecke, der ich die Wirklichkeit so dunkel lastend empfinde, wird man verzeihen, daß ich geringe und zeitweilige Erholung suche im Verweilen bei solchen Einzelheiten, die überdies, so unbedeutend und vielleicht sogar lächerlich sie scheinen mögen, in meiner Erinnerung von großer Wichtigkeit sind, da sie zu einer Zeit und einem Orte in Beziehung stehen, in denen mir die erste unklare Kunde wurde von dem dunklen Geschick, das mich später so ganz umschattete. Erlaubt mir also diese Rückerinnerungen.

Das Haus, ich sagte es schon, war alt und von weitläufiger, unregelmäßiger Bauart. Das Grundstück war sehr umfangreich und von einer hohen festen Backsteinmauer umschlossen, die oben mit Mörtel bestrichen wär, in dem Glassplitter steckten. Dieser Festungswall, diese Gefängnismauer bildete die Grenze unseres Reichs, das wir nur dreimal in der Woche verlassen durften: einmal Samstag nachmittag, wenn wir, von zwei Unterlehrern begleitet, gemeinsam einen kurzen Spaziergang in die angrenzenden Felder machen durften, und zweimal des Sonntags, wenn man uns in Reih und Glied zum Morgen- und Abendgottesdienst in die Stadtkirche führte. Der Pfarrer dieser Kirche war unser Schulvorsteher. Mit welch tiefer Verwunderung, ja Ratlosigkeit pflegte ich ihn von unserem entlegenen Platz auf dem Chor aus zu betrachten, wenn er mit feierlich abgemessenen Schritten zur Kanzel emporstieg! Dieser heilige Mann, mit der so gottergebenen Miene, im strahlenden Priestergewande, mit sorgsam gepuderter, steifer und umfangreicher Perücke – konnte das derselbe sein, der mit saurer Miene und tabakbeschmutzter Kleidung, den Stock in der Hand, drakonische Gesetze ausübte! O ungeheurer Widerspruch, o ewig unbegreifliches Rätsel!

In einem Winkel der gewaltigen Mauer drohte ein noch gewaltigeres Tor. Es war mit Eisenstangen verriegelt und von Eisenspießen überragt. Welch tiefe Furcht flößte es ein! Es öffnete sich nie, abgesehen für die drei regelmäßig wiederkehrenden wöchentlichen Ausgänge; dann aber fanden wir in jedem Kreischen seiner mächtigen Angeln eine Fülle des Geheimnisvollen, eine Welt von Stoff für ernstes Gespräch oder stumme Betrachtung.

Das weite Grundstück war von unregelmäßiger Form und hatte manche umfangreichen Plätze. Drei oder vier der größten bildeten den Spielhof. Er war eben und mit feinem harten Kies bedeckt; weder Bäume noch Bänke standen dort. Natürlich lag er in der Nähe des Hauses. Vor dem Hause lag ein schmaler Rasenplatz, mit Buchsbaum und anderem Strauchwerk eingefaßt; diesen geheiligten Teil überschritten wir jedoch nur selten, etwa bei Ankunft in der Schule oder bei der endgültigen Abreise oder, wenn ein Verwandter oder Freund uns eingeladen, die Weihnachts- oder Sommerferien bei ihm zu verleben.

Aber das Haus! – Was war es für ein komischer, alter Bau! Für mich ein wahres Zauberschloß! Seine Winkel und Gänge, seine unbegreiflichen Ein- und Anbauten, nahmen kein Ende. Es war jederzeit schwierig anzugeben, in welchem seiner beiden Stockwerke man sich gerade befand. Man konnte sicher sein, von einem Zimmer zum andern immer ein paar Stufen hinauf oder hinunter zu müssen. Dann gab es zahllose Seitengänge, die sich trennten und wieder vereinigten oder sich wie ein Ring in sich selbst schlossen, so daß der klarste Begriff, den wir vom ganzen Hause hatten, beinahe der Vorstellung gleichkam, die wir uns von der Unendlichkeit machten. Während der fünf Jahre, die ich hier verlebte, konnte ich nie mit Sicherheit feststellen, in welchem entlegenen Teile der kleine Schlafsaal lag, der mir und etlichen, achtzehn oder zwanzig andern Schülern zugewiesen war.

Das Schulzimmer schien mir der größte Raum im Hause – ja, in der ganzen Welt! Es war sehr lang, schmal und auffallend niedrig, mit spitzen, gotischen Fenstern und einer Decke aus Eichenholz. In einem entlegenen, Schrecken einflößenden Winkel befand sich ein viereckiger Verschlag von acht oder zehn Fuß Durchmesser, der stets während der Unterrichtsstunden das ›sanctum‹ unseres Schulvorstehers, des Reverend Dr. Bransby bildete. Der Verschlag war durch eine mächtige Türe wohlverwahrt, und wir wären lieber unter Martern gestorben, als daß wir gewagt hätten, in Abwesenheit des Dominus die Türe zu öffnen. In anderen Winkeln standen zwei ähnliche Kästen, vor denen wir zwar weniger Ehrfurcht, aber immerhin Furcht hatten. Einer derselben war das Katheder des Lehrers für klassische Sprachen, der andere das für den Lehrer des Englischen, der gleichzeitig Mathematiklehrer war. Verstreut im Saal, kreuz und quer in wüster Unregelmäßigkeit, standen zahllose Bänke und Pulte, schwarz, alt und abgenutzt, mit Stapeln abgegriffener Bücher bedeckt und so mit Initialen, ganzen Namen, komischen Figuren und anderen künstlerischen Schnitzversuchen bedeckt, daß sie ganz ihre ursprüngliche Form, die sie in längst vergangenen Tagen besessen haben mußten, eingebüßt hatten. Am einen Ende des Saales stand ein riesiger Eimer mit Wasser, am anderen eine Uhr von verblüffenden Dimensionen.

Eingeschlossen von den gewaltigen Mauern dieser ehrwürdigen Anstalt, verbrachte ich das dritte Lustrum meines Lebens – doch weder in Langeweile noch Unbehagen. Die überschäumende Gestaltungskraft des kindlichen Geistes verlangt keine Welt der Ereignisse, um Beschäftigung oder Unterhaltung zu finden, und die anscheinend düstere Einförmigkeit der Schule brachte mir stärkere Erregungen, als meine reifere Jugend aus dem Wohlleben oder meine volle Manneskraft aus dem Verbrechen schöpften. Ich muß allerdings annehmen, daß meine geistige Entwicklung eine ungewöhnliche, ja fast krankhafte gewesen ist. Die meisten Menschen haben in reifen Jahren selten noch eine frische Erinnerung an die großen Ereignisse aus ihrer frühen Kindheit. Alles ist schattenhaft grau – wird schwach und unklar empfunden – ein unbestimmtes Zusammensuchen matter Freuden und eingebildeter Leiden. Mit mir war es anders. Ich muß schon als Kind mit der Empfindungskraft eines Erwachsenen alles das erlebt haben, was noch jetzt mit klaren, tiefen und und unverwischbaren Schriftzügen, wie die Inschriften auf den karthagischen Münzen, in meinem Gedächtnis eingegraben steht.

Und doch, wie wenig – wenig vom Standpunkt der Menge aus – gab es, was der Erinnerung wert gewesen wäre! Das morgendliche Erwachen, der abendliche Befehl zum Schlafengehen, der Unterricht; die jeweiligen schulfreien Nachmittage mit ihren Streifzügen; der Spielplatz mit seiner Kurzweil, seinem Streit, seinen kleinen Intrigen; – all dieses, was meinem Geist wie durch einen Zauber lange Zeit ganz entrückt gewesen, war dazu angetan, eine Fülle von Empfindung, eine Welt reichen Geschehens, eine Unendlichkeit vielfältiger Eindrücke und Leidenschaften zu erwecken. ›O LE BON TEMPS, QUE CE SIÈCLE DE FER!‹

Es ist Tatsache: mein feuriges, begeistertes, überlegenes Wesen zeichnete mich vor meinen Schulkameraden aus und hob mich nach und nach über alle empor, die nicht etwa bedeutend älter waren als ich selbst – über alle, mit einer Ausnahme! Diese Ausnahme war ein Schüler, der, obwohl er kein Verwandter von mir war, doch den gleichen Vor- und Zunamen trug wie ich – ein an sich unbedeutender Umstand. Denn ungeachtet meiner edlen Abkunft trug ich einen Namen, der in unvordenklichen Zeiten durch das Recht der Verjährung jedermann freigegeben worden sein mochte. Ich habe mich also hier in meiner Erzählung William Wilson genannt – ein Name, der von dem wirklichen Namen nicht allzusehr abweicht. Von allen Kameraden nun, die bei unsern Spielen meine ›Bande‹ bildeten, wagte es mein Namensvetter allein, sowohl im Unterricht als auch in Sport und Spiel mit mir zu wetteifern, meinen Behauptungen keinen Glauben zu schenken, sich meinem Willen nicht unterzuordnen – kurz, sich in allem gegen meine ehrgeizige Oberherrschaft aufzulehnen. Wenn es aber auf Erden einen überlegenen und unbeschränkten Despotismus gibt, so ist es der, den der Herrschergeist eines Knaben auf seine weniger willensstarken Gefährten ausübt.

Wilsons Widersetzlichkeit war für mich eine Quelle der Verwirrung, um so mehr, als ich, trotz der prahlerischen Großtuerei, mit der ich ihn und seine Anmaßungen vor den andern behandelte, ihn im geheimen fürchtete und annehmen mußte, daß nur wahre Überlegenheit ihn befähige, sich mit mir zu messen; mich aber kostete es beständige Anstrengung, nicht von ihm überflügelt zu werden. Doch wurde seine Ebenbürtigkeit in Wahrheit nur von mir selbst bemerkt; unsere Kameraden schienen in unerklärlicher Blindheit diese Möglichkeit nicht einmal zu ahnen. Auch äußerten sich seine Nebenbuhlerschaft und sein hartnäckiger Widerspruch weniger laut und aufdringlich als insgeheim. Es hatte den Anschein, als mangele ihm sowohl der Ehrgeiz zu herrschen, als auch die leidenschaftliche Willenskraft, sich durchzusetzen. Man konnte glauben, daß nur das launische Vergnügen, mein Erstaunen zu erwecken oder mich zu ärgern, seine Nebenbuhlerschaft veranlasse; trotzdem gab es Zeiten, wo ich voll Verwunderung, Beschämung und Trotz wahrnehmen mußte, daß er neben seinen Angriffen, Beleidigungen und Widerreden eine gewisse unangebrachte und mir durchaus unerwünschte Liebenswürdigkeit, ja Zuneigung verriet. Ich konnte mir sein Betragen nur als die Folge ungeheuren Dünkels erklären, der es ja immer liebt, sich in überlegenes Wohlwollen zu kleiden.

Vielleicht war es dieser letztere Zug in Wilsons Benehmen, verbunden mit der Übereinstimmung unserer Namen und dem bloßen Zufall, daß wir beide am nämlichen Tage in die Schule eingetreten waren, was bei den oberen Klassen die Meinung verbreitet hatte, wir seien Brüder; doch pflegten sich die älteren Schüler mit den Angelegenheiten der jüngeren wenig zu befassen. Ich habe schon vorher gesagt, daß Wilson nicht im entferntesten mit meiner Familie verwandt war. Doch *wären* wir Brüder gewesen, so hätten wir Zwillinge sein müssen; denn nachdem ich die Anstalt Dr. Bransbys verlassen, erfuhr ich durch Zufall, daß mein Namensvetter am neunzehnten Januar 1813 geboren war – und dieser Umstand ist einigermaßen bemerkenswert, denn es ist genau das Datum meiner eigenen Geburt.

Es mag seltsam erscheinen, daß ich, trotz der fortgesetzten Angst, in die mich die Rivalität Wilsons versetzte, und trotz seines unerträglichen Widerspruchsgeistes, mich nicht dahin bringen konnte, ihn wirklich zu hassen. Gewiß, wir hatten fast täglich Streit miteinander, und wenn er mir dann auch öffentlich die Siegespalme überließ, so gelang es ihm doch, mich irgendwie fühlen zu lassen, daß eigentlich er es war, der sie verdiente; aber ein gewisser Stolz meinerseits und eine echte Würde seinerseits hielten uns davon ab, ernstlich miteinander zu zanken. In unseren Charakteren jedoch gab es viel Verwandtes, und nur unser seltsamer Wetteifer war schuld daran, daß meine Gefühle für ihn nicht zu wahrer Freundschaft reiften. Es ist tatsächlich schwer, das Empfinden, das ich für ihn hatte, zu bestimmen oder zu erklären. Es war ein buntes und widersprechendes Gemisch: etwas eigensinnige Feindseligkeit, die dennoch nicht Haß war, etwas Achtung, mehr Bewunderung, viel Furcht und eine Welt rastloser Neugier, Für Seelenkenner wird es unnötig scheinen, hinzuzufügen, daß Wilson und ich die unzertrennlichsten Gefährten waren.

Sicherlich lag es an diesen ganz außergewöhnlichen Beziehungen, daß ich meine Angriffe auf ihn – und es gab deren genug, sowohl offene als versteckte – in Form einer bösen Neckerei oder eines Schabernacks ausführte, als scheinbaren Spaß, der dennoch Schmerz bereitete; eine derartige Handlungsweise lag meiner Stimmung für ihn näher als etwa ausgesprochene Feindseligkeit. Doch meine Unternehmungen gegen ihn waren keineswegs immer erfolgreich, mochte ich meine Pläne auch noch so pfiffig ausgeheckt haben; denn mein Namensvetter hatte in seinem Wesen so viel vornehme Zurückhaltung, daß er keine Achillesferse bot; wohl spottete er gerne selbst, *ihn* aber lächerlich zu machen, war beinahe unmöglich. Ich konnte tatsächlich nur *einen* wunden Punkt an ihm entdecken; es war eine persönliche Eigenheit, die vielleicht einem körperlichen Übel entsprang und wohl von jedem andern Gegner, der nicht wie ich am Ende seiner Weisheit angelangt gewesen, geschont worden wäre. Mein Rivale hatte eine Schwäche der Sprechorgane, die ihn hinderte, seine Stimme *über ein sehr leises Flüstern* zu erheben. Ich verfehlte nicht, aus diesem Übel meinen armseligen Vorteil zu ziehen.

Wilson dankte mir das auf mannigfache Weise, und besonders *eine* Form der Rache hatte er, die mich unbeschreiblich ärgerte. Woher er die Schlauheit genommen, herauszufinden, daß solche scheinbare Kleinigkeit mich kränken könne, ist eine Frage, die ich nie zu lösen vermochte; als er die Sache aber einmal entdeckt hatte, nutzte er sie weidlich aus. Ich hatte stets einen Widerwillen vor meinem unfeinen Familiennamen und meinem so gewöhnlichen, ja geradezu plebejischen Vornamen empfunden. Sein Klang war meinen Ohren abstoßend, und als ich am Tage meines Schulantritts erfuhr, daß gleichzeitig ein zweiter William Wilson eintrete, war ich auf diesen zornig, weil er den verhaßten Namen trug, und dem Namen doppelt feind, weil auch noch ein Fremder ihn führte, der nun schuld war, daß ich ihn doppelt sooft hören mußte – ein Fremder, den ich beständig um mich haben sollte und dessen Angelegenheiten, so wie der Lauf der Dinge in der Schule nun einmal war, infolge der verwünschten Namensgleichheit unvermeidlicherweise mit den meinigen verknüpft und verwechselt werden mußten.

Mein durch diese Umstände hervorgerufener Verdruß nahm bei jeder Gelegenheit zu, bei der eine geistige oder leibliche Ähnlichkeit zwischen meinem Nebenbuhler und mir zutage trat. Ich hatte damals die bemerkenswerte Tatsache, daß wir ganz gleichaltrig waren, noch nicht entdeckt; aber ich sah, daß wir von gleicher Größe waren und sogar im allgemeinen Körperumriß und in den Gesichtszügen einander glichen. Auch ärgerte mich das in den oberen Klassen umlaufende Gerücht, daß wir miteinander verwandt seien. Mit einem Wort, nichts konnte mich so ernstlich verletzen, ja geradezu beunruhigen (obgleich ich diese Unruhe sorgfältig zu verbergen wußte), wie irgendein Wort darüber, daß wir einander an Geist oder Körper oder Betragen ähnlich seien. Doch hatte ich eigentlich, mit Ausnahme des Gerüchtes von unserer Verwandtschaft, keinen Grund zu der Annahme, daß unsere Ähnlichkeiten jemals zur Sprache gebracht oder überhaupt von unsern Mitschülern wahrgenommen würden. Nur Wilson selbst bemerkte sie offenbar ebenso klar wie ich; daß er darin aber ein so fruchtbares Feld für seine Quälereien fand, kann, wie ich schon einmal sagte, nur seinem ungewöhnlichen Scharfsinn zugeschrieben werden.

Die Rolle, die er spielte, bestand in einer bis ins kleinste vollendeten Nachahmung meines Ichs in Wort und Tun, und er spielte sie zum Bewundern gut. Meine Kleidung nachzuahmen, war ein leichtes; meinen Gang und meine Haltung eignete er sich ohne Schwierigkeit an; abgesehen von dem Hemmnis, das ihm sein Sprachfehler in den Weg legte, entging nicht einmal meine Stimme seiner Nachahmungskunst. Wirklich laute Töne konnte er selbstredend nicht wiederholen, aber sein Tonfall war ganz der meine, und *sein eigenartiges Flüstern wurde zum vollkommenen Echo meiner eigenen Stimme.*

Wie sehr dies vortreffliche Porträt mich quälte – denn eine Karikatur kann man es nicht einmal nennen –, will ich nicht zu beschreiben versuchen. Ich hatte nur einen Trost: die Tatsache, daß diese Imitation offenbar nur von mir selbst wahrgenommen wurde und daß ich als einzigen Mitwisser nur meinen spöttisch lächelnden Namensvetter hatte. Befriedigt in seinem Herzen, den gewünschten Erfolg erzielt zu haben, schien er innerlich über den mir glücklich beigebrachten Stich zu kichern und war bezeichnenderweise gleichgültig gegen den allgemeinen Beifall, den der Erfolg seiner schlauen Bemühungen leicht hätte einheimsen können. Daß die Schüler tatsächlich seine Absicht nicht fühlten, seine Meitsterschaft nicht wahrnahmen und sich an meiner Verspottung nicht beteiligten, war mir monatelang ein unlösbares Rätsel. Vielleicht war es das *allmähliche* Heranreifen seiner Kopierkunst, was diese so unauffällig machte, oder noch wahrscheinlicher verdankte ich meine Sicherheit vor den anderen dem weisen Maßhalten des Kopisten, der die groben Äußerlichkeiten verachtete (also alles das, was bei einem Bilde oberflächlichen Beschauern auffallen könnte) und vor allem den ganzen *Geist* seines Originals wiederzugeben suchte – für *meine* Augen und zu meinem Kummer.

Ich habe bereits mehr als einmal davon gesprochen, welch abscheuliche Beschützermiene er mir gegenüber aufsetzte und wie vorwitzig er gegen meine Anordnungen Einspruch erhob. Seine Einmischungen geschahen oft in Gestalt von Ratschlägen –

nicht offen gebotenen, aber heimlich angedeuteten. Ich nahm sie mit einem Widerwillen entgegen, der mit den Jahren immer heftiger wurde. Doch heute, nach so langer Zeit, muß ich ihm jedenfalls die Gerechtigkeit widerfahren lassen, daß ich mich keiner Gelegenheit erinnere, wo die Einflüsterungen, ja man kann sagen die beabsichtigten Suggestionen meines Rivalen eine üble oder leichtfertige Richtung genommen hätten, wie sie von seinem unreifen Alter, seiner scheinbaren Unerfahrenheit wohl zu erwarten gewesen wäre. Ich muß ferner gestehen, daß zumindest sein sittliches Fühlen, wenn auch nicht seine allgemeine Begabung, weit stärker war als das meine und daß ich heute wohl ein besserer und darum glücklicherer Mensch sein könnte, hätte ich die Ratschläge, die sein bedeutsames Flüstern andeutete, weniger oft zurückgewiesen; aber ich haßte und verachtete jedes Wort, das aus seinem Munde kam.

Mehr und mehr sträubte ich mich gegen seine widerwärtige Bevormundung und wehrte mich von Tag zu Tag offener gegen das, was ich für unerträgliche Anmaßung hielt. Ich sagte schon, daß in den ersten Jahren unserer Schulkameradschaft meine Gefühle für ihn leicht hätten in Freundschaft ausreifen können; in den letzten Monaten meines Aufenthaltes in der Schule aber, in denen übrigens seine Zudringlichkeit mehr und mehr nachgelassen hatte, verwandelte sich mein Empfinden in fast demselben Verhältnis in wirklichen Haß. Ich glaube, er bemerkte das bei irgendeiner Gelegenheit und mied mich von da an – oder tat doch so.

Es war etwa um diese Zeit, wenn ich mich recht erinnere, daß er in einem heftigen Wortwechsel, den wir miteinander hatten, seine Zurückhaltung mehr als gewöhnlich aufgab und mit einer seiner Natur eigentlich fremden Offenheit auftrat. Und bei dieser Gelegenheit entdeckte ich in seinem Tonfall, seiner Miene und seiner ganzen Erscheinung ein Etwas, das mich zuerst verblüffte und dann tief fesselte. Erinnerungen, Vorstellungen aus meiner frühesten Kindheit – seltsame, verwirrte und einander überstürzende Vorstellungen aus einer Zeit, in der mein Gedächtnis noch nicht geboren war, überfielen meinen Geist. Ich kann das sonderbare Gefühl, das mich erfaßte, wohl am besten wiedergeben, wenn ich sage, daß es mir schwer wurde, den Glauben abzuschütteln, diesem Wesen, das da vor mir stand, vor langer Zeit einmal, ja vielleicht in unendlich ferner Vergangenheit, verwandt gewesen zu sein. Die Täuschung verschwand jedoch so schnell wie sie gekommen, und ich erwähne sie nur, weil sie mir am Tage der letzten Unterredung mit meinem eigentümlichen Namensvetter kam.

Das riesige alte Haus mit seinen zahllosen Räumen hatte mehrere große Zimmer, die miteinander in Verbindung standen und in denen die Mehrzahl der Schüler ihr Nachtlager hatte. Doch gab es auch, wie das bei einem so ungünstig gebauten Hause selbstverständlich war, viele kleine Kammern und Schlupfwinkel; und diese hatte der haushälterische Geist Dr. Bransbys ebenfalls zu Schlafräumen hergerichtet, wenn auch ein jeder so eng war, daß er nur einen einzigen Menschen beherbergen konnte. In einer dieser kleinen Kammern schlief Wilson.

Eines Nachts, gegen Ende meines fünften Schuljahres und kurz nach dem vorhin erwähnten Wortwechsel, erhob ich mich, als alles schlief, und schlich, mit einer kleinen Lampe in der Hand, durch ein Labyrinth von Gängen nach der Schlafkammer meines Rivalen. Da mir meine Rachepläne so oft mißlungen waren, hatte ich mir nun einen neuen Schabernack ausgedacht, der ihn die ganze Bosheit fühlen lassen sollte, deren ich fähig war. Als ich sein Kämmerchen erreicht hatte, trat ich geräuschlos ein, nachdem ich die abgeblendete Lampe draußen zurückgelassen. Ich trat einen Schritt vor und hörte ihn ruhig atmen. Als ich mich davon überzeugt hatte, daß er schlief, ging ich zurück, holte die Lampe und trat ans Bett. Es war von Vorhängen umschlossen, die ich langsam und leise beiseite schob, da sie mich an der Ausführung meines Vorhabens hinderten. Das helle Licht der Lampe traf den Schläfer, als meine Blicke auf sein Antlitz fielen. Ich blickte – und Betäubung, eisige Erstarrung befiel mich. Meine Knie wankten, ich rang nach Atem, meine Seele erfüllte ein unerklärliches, unerträgliches Entsetzen. Und atemlos brachte ich die Lampe seinem Gesicht noch näher. – *Dieses* waren die Züge William Wilsons? Ich sah es, daß es die seinen waren, aber ich schauerte wie in einem Fieberanfall bei der Vorstellung, sie wären es nicht. Was war an ihnen, das mich so verwirrte? Ich spähte, während tausend unzusammenhängende Gedanken mein Hirn durchkreuzten. Nicht so erschien er – sicherlich nicht *so* in seinen lebhaft wachen Stunden. Derselbe Name, dieselbe Gestalt, derselbe Antrittstag in der Schule! Und dann sein beharrliches und sinnloses Nachahmen meines Ganges, meiner Stimme, meiner Kleidung und meines Gebarens! Lag es denn wirklich im Bereich des Möglichen – konnte das, *was ich jetzt sah,* lediglich das Resultat seiner spöttischen Gewohnheit, mich nachzuahmen, sein? Angsterfüllt und mit wachsendem Schauder löschte ich das Licht, ging leise aus dem Zimmer und verließ sogleich die Hallen jenes alten Schulhauses, um sie nie wieder zu betreten.

Nach Verlauf einiger Monate, die ich daheim in Nichtstun verbrachte, kam ich als Student nach Eton. Die kurze Zeit hatte genügt, um die Erinnerung an die Ereignisse im Hause Dr. Bransbys abzuschwächen oder doch um einen großen Wechsel in der Natur meiner Gefühle herbeizuführen. Das Drama hatte seine Tragik verloren. Ich fand jetzt Zeit, den Wahrnehmungen meiner Sinne zu mißtrauen, und dachte selten daran zurück ohne eine gewisse Verwunderung über die autosuggestive Kraft im Menschen und ein Lächeln über die starke Einbildungskraft, mit der ich erblich belastet war. Dieser Skeptizismus konnte auch durch das Leben, das ich in Eton führte, nicht vermindert werden. Der Strudel gedankenloser Tollheit, in den ich dort sogleich und gründlich hinabtauchte, wusch von meinem vergangenen Leben alles bis auf den Schaum ab, verschluckte sofort jeden großen ernsten Eindruck und ließ in meinem Gedächtnis nur ganz belanglose Äußerlichkeiten haften.

Ich beabsichtige aber nicht, hier näher auf meine Verworfenheit einzugehen – die ruchlosen Ausschweifungen zu schildern, mit denen ich die Gesetze verachtete und der Wachsamkeit meiner Lehrmeister spottete. Drei tolle Jahre waren ohne geistigen Gewinn verpraßt und hatten mir nichts gebracht als lasterhafte Gewohnheiten, die meiner körperlichen Entwicklung allerdings sonderbarerweise vorteilhaft gewesen waren. Nach solch einer Woche gehaltloser Zerstreuungen lud ich einmal eine Anzahl der lockersten Vögel, Mitstudenten, zu einem geheimen Zechgelage auf mein Zimmer. Wir versammelten uns zu später Nachtstunde, denn die Böllerei sollte bis zum Morgen ausgedehnt werden. Der Wein floß in Strömen, und es fehlte nicht an anderen und vielleicht gefährlicheren Verführungen; es dämmerte schon schwach im Osten, als unsere tolle Ausgelassenheit ihren Höhepunkt erreicht hatte. Aufgeregt vom Wein und Kartenspiel bestand ich darauf, einen ungewöhnlich ruchlosen Trinkspruch auszubringen, als meine Aufmerksamkeit plötzlich auf das heftige Öffnen einer Tür und die dringliche Stimme eines Dieners hingelenkt wurde. Der Mann sagte, es wolle mich jemand, der es anscheinend sehr eilig habe, draußen im Vorzimmer sprechen.

In meiner fröhlichen Weinstimmung fühlte ich mich von der unerwarteten Störung weniger überrascht als entzückt. Ich schwankte sofort hinaus und stand nach wenigen Schritten draußen in der Vorhalle. In dem niedrigen und schmalen Raum hing keine Laterne, und er war gegenwärtig überhaupt nicht erleuchtet – abgesehen von dem sehr schwachen Morgengrauen, das durch das halbrunde Fenster drang. Als ich den Fuß über die Schwelle setzte, gewahrte ich die Gestalt eines jungen Mannes von etwa meiner Größe, der, ganz meiner momentanen Kleidung entsprechend, einen nach neuestem Schnitt gearbeiteten Hausrock aus weißem Kaschmir trug. So viel enthüllte mir das matte Tageslicht, seine Gesichtszüge konnte ich nicht erkennen. Bei meinem Eintritt kam er eilig auf mich zu, ergriff mich mit heftiger Ungeduld am Arm und flüsterte mir die Worte ›William Wilson‹ ins Ohr.

Ich wurde sofort vollkommen nüchtern.

Da war etwas im Wesen dieses Fremden, im Zittern seines warnend erhobenen Fingers, der im Zwielicht vor meinen Augen schwankte –, da war etwas, was mich mit unbegrenztem Staunen erfüllte. Aber nicht das war es, was mich so heftig erregen konnte; es war der inhaltsschwere feierliche Verweis, der in der eigenartigen leise gezischten Äußerung lag, und vor allem der besondere *Tonfall*, in dem diese zwei wohlbekannten Worte *geflüstert* wurden und der mit tausend Erinnerungen vergangener Tage auf mich einstürmte und meine Seele traf wie mit einem elektrischen Schlag. Bevor ich wieder Herr meiner Sinne wurde, war die Gestalt verschwunden.

Obgleich der Eindruck, den dies Erlebnis auf meine zügellose Phantasie machte, ein sehr tiefer war, blieb er doch nicht von langer Dauer. Einige Wochen allerdings plagte ich mich mit ernsten Fragen und war von krankhaften Vorstellungen umdüstert. Ich versuchte, nicht an der Identität dieses seltsamen Wesens mit jenem, das sich früher schon so hartnäckig in meine Angelegenheiten mischte und mich mit seinem aufdringlichen Rat quälte, zu zweifeln. Doch wer und was war dieser Wilson? Und woher kam er? Und was waren seine Absichten? Auf keine dieser Fragen fand ich eine befriedigende Antwort – nur das eine stellte ich fest, daß ein plötzlich eingetretenes Familienereignis sein Ausscheiden aus Dr. Bransbys Lehranstalt am Nachmittag desselben Tages zur Folge gehabt hatte, an dem ich von dort entflohen war. Nach kurzer Zeit aber ließen meine Gedanken von dieser Sache ab, da meine beabsichtigte Übersiedlung nach Oxford mich vollauf in Anspruch nahm. Bald darauf führte ich diese aus, und die Freigebigkeit meiner Eltern verschaffte mir eine Ausstattung und einen jährlichen Wechsel, der es mir ermöglichte, in all dem mir schon so unentbehrlich gewordenen Luxus zu schwelgen und in der Verschwendungssucht mit den hochfahrenden Erben der reichsten Grafschaften Großbritanniens zu wetteifern.

Durch meine reichen Mittel zum Laster angespornt, brach mein ursprüngliches Temperament mit verdoppeltem Feuer hervor und widersetzte sich sogar der so selbstverständlichen Zügelung, die Sitte und Anstand jedem gebildeten Menschen auferlegen. Doch es wäre unsinnig, wenn ich mich bei den Einzelheiten meines lasterhaften Lebens aufhalten wollte. Mag das Bekenntnis genügen, daß ich als Verschwender selbst den Herodes in den Schatten stellte und daß ich der langen Liste der Laster, die damals an der ausschweifendsten Universität Europas üblich waren, durch Erfindung einer Fülle von neuen Schandtaten einen umfangreichen Anhang hinzufügte.

Und doch ist es wohl schwer zu glauben, daß ich sogar so weit gekommen war, mir die gemeinsten Schliche der Gewohnheitsspieler anzueignen und meine Erfahrung in ihrer verächtlichen Wissenschaft dazu zu benutzen, auf Kosten meiner harmlosen Mitstudenten meine ohnedies ungeheuren Einnahmen zu vergrößern. Aber es war so; und dieses unerhörte Hohnsprechen auf alle Ehre und Manneswürde war zweifellos der Hauptgrund, ja, wohl der einzige Grund, daß ich straflos ausging. Wer unter meinen verwegensten Kameraden würde nicht eher die Klarheit seiner Sinne angezweifelt, als den heiteren, freimütigen, verschwenderischen William Wilson – den vornehmsten und gebildetsten Studenten von Oxford – solcher Gemeinheiten für fähig gehalten haben – ihn, dessen Tollheiten (so sagten die Parasiten) nur Tollheiten seiner überschäumenden Jugend und ungezügelten Phantasie, dessen Fehler nur seltsame Launen, dessen dunkelste Laster nur sorglose, sprudelnde Torheiten waren?

Schon zwei Jahre lang war ich in dieser Weise erfolgreich tätig gewesen, als ein junger, erst jüngst geadelter Emporkömmling namens Glendinning die Universität bezog. Man sagte, er sei reich wie Herodes Atticus und sei auch so leicht wie dieser zu seinen Reichtümern gelangt. Ich entdeckte bald, daß er kein großer Schlaukopf war, und hielt ihn für ein passendes Objekt für die Anwendung meiner einträglichen Kunst. Ich forderte ihn des öfteren zum Spiel auf, und mit der üblichen List des Falschspielers ließ ich ihn zunächst beträchtliche Summen gewinnen, um ihn später desto sicherer einzufangen. Als mein Plan ausgereift war, traf ich ihn in der Wohnung eines Herrn Preston, eines Mitstudenten, in der bestimmten Absicht, daß diese Begegnung die letzte und entscheidende sein sollte. Preston war mit jedem von uns befreundet, hatte aber natürlich nicht die leiseste Ahnung von meinem Vorhaben. Um der Sache einen harmlosen Anstrich zu geben, hatte ich mich bemüht, eine Gesellschaft von acht oder zehn jungen Leuten dort zu haben, und war peinlich darum besorgt, daß man nur wie zufällig nach den Karten griff und daß mein Opfer selbst danach verlangen sollte. Um kurz zu sein: ich hatte keinen der niedrigen Kunstgriffe verschmäht, die bei solchen Gelegenheiten so regelmäßig angewendet werden, daß es geradezu ein Wunder ist, wenn es noch immer Dumme gibt, die diese Ränke nicht durchschauen, sondern ihnen zum Opfer fallen.

Unser Beisammensein hatte sich schon bis tief in die Nacht ausgedehnt, als es mir endlich gelang, Glendinning als einzigen Partner zu bekommen. Wir waren bei meinem Lieblingsspiel, dem Ecarté. Die anderen nahmen so lebhaften Anteil an unserem Spiel, daß sie selbst die Karten beiseite gelegt hatten und uns als Zuschauer umringten. Der Emporkömmling, den ich anfänglich zu reichlichem Trinken veranlaßt hatte, mischte, gab und spielte mit einer Nervosität, für die seine Trunkenheit nur zum Teil die Ursache sein konnte. In sehr kurzer Zeit schuldete er mir bereits beträchtliche Summen. Nun aber tat er einen tiefen Zug aus seinem Portweinglas und schlug mir vor – was meine kühle Berechnung nicht anders erwartet hatte –, unsern bereits übertrieben hohen Einsatz zu verdoppeln. Mit gut gespieltem Widerstreben und nicht, ehe meine wiederholte Weigerung ihn zu ein paar ärgerlichen Worten veranlaßt hatte, die mein Nachgeben gewissermaßen herausforderten, willigte ich schließlich ein. Der Erfolg bewies selbstverständlich nur, wie rettungslos der Partner mir ins Garn gegangen: in kaum einer Stunde hatte er seine Schuld vervierfacht. Seit einer Weile schon hatte sein Gesicht den rosigen Anhauch verloren, den ihm der Wein verlieh, jetzt aber sah ich zu meinem Erstaunen, daß es grauenhaft bleich geworden war. Ich sage, zu meinem Erstaunen, denn man hatte mir Glendinning bei meinen eifrigen Nachforschungen als unermeßlich reich hingestellt, und wenn seine Verluste auch sehr hoch waren, so konnten sie ihn doch, wie ich annahm, nicht ernstlich schädigen, wieviel weniger so tief erschüttern. Der nächstliegende Gedanke war natürlich, seinen Zustand als eine Folge des übertriebenen Weingenusses anzusehen; aber als ich, mehr zu dem Zweck, mich vor den Kameraden in ein gutes Licht zu setzen als aus irgendeinem anderen Grunde, gerade die feste Absicht kundtun wollte, das Spiel abzubrechen, machten mir ein paar Äußerungen der hinter mir Stehenden und ein Ruf der Verzweiflung seitens Glendinnings klar, daß ich seinen vollständigen Ruin herbeigeführt hatte, und unter Umständen, die ihn zum Gegenstand des allgemeinen Mitleids machten und ihn wohl selbst vor den Bosheiten eines Teufels hätten bewahren müssen.

Wie ich mich nun weiter verhalten haben würde, ist schwer zu sagen. Der bedauernswerte Zustand meines Gimpels hatte uns alle in eine gewisse Verlegenheit versetzt; es herrschte minutenlanges Schweigen, und ich fühlte, wie meine Wangen unter den vielen zornigen und vorwurfsvollen Blicken brannten. Ich muß sogar zugeben, daß mir durch die nun plötzlich eintretende unerwartete Unterbrechung für einen kurzen Augenblick eine schwere Last, ein unerträgliches Gefühl der Beklemmung vom Herzen genommen wurde. Die großen schweren Flügeltüren wurden auf einmal mit heftigem Ungestüm aufgeworfen, so daß wie mit einem Zauberschlag alle Lichter im Raum erloschen. In ihrem Hinflackern sahen wir noch, daß ein Fremder eingetreten war; er hatte ungefähr meine Größe und war eng in einen Mantel gehüllt. Schnell aber war es vollständig dunkel geworden, und wir konnten nur *fühlen,* daß er in unserer Mitte stand. Ehe einer von uns sich von dem Staunen erholt hatte, in das dies ungehörige Gebaren uns alle versetzte, vernahmen wir die Stimme des Eindringlings.

»Meine Herren«, sagte er in einem leisen deutlichen und wohlbekannten Flüsterton, der mir bis ins Mark drang, »meine

Herren, ich versuche nicht, mein Auftreten zu entschuldigen, denn ich komme, um meine Pflicht zu erfüllen. Sie sind zweifellos über den wahren Charakter des Herrn, der heute nacht beim Ecarté dem Lord Glendinning eine große Summe abgewann, nicht unterrichtet. Ich will Ihnen daher mitteilen, wie Sie sich rasch und sicher die nötigen Aufklärungen verschaffen können. Bitte, untersuchen Sie nur gründlich das Futter seines linken Ärmelaufschlags und die verschiedenen kleinen Päckchen, die sich in den reichlich großen Taschen seines bestickten Hausrocks finden werden.«

Während er sprach, herrschte eine so tiefe Stille, daß man das Niederfallen einer Stecknadel hätte hören können. Als er geendet, verließ er das Zimmer ebenso plötzlich, wie er es betreten. Kann ich – soll ich meine Gefühle schildern? Muß ich sagen, daß ich alle Schrecken der Verdammten durchlebte? Ich hatte wenig Zeit zum Nachdenken. Viele Hände packten mich rauh, und es wurde sofort wieder Licht gemacht. Die Suche begann. Im Futter meines Ärmels fand man alle zum Ecarté gehörigen hohen Karten und in den Taschen meines Hausrocks eine Anzahl Kartenspiele, die den bei unseren Sitzungen gebräuchlichen vollkommen glichen, nur gehörten meine zu denen, die man mit einen Fachausdruck als die »abgerundeten« bezeichnet: die hohen Karten waren oben und unten, die niederen an den Seiten leicht konvex. Wenn nun der Gimpel beim Abnehmen die Karten, wie üblich ist, seitwärts abhebt, so wird er jedesmal seinem Partner eine hohe Karte zuteilen; während der Falschspieler an der Schmalseite abhebt und folglich seinem Opfer keine Karte gibt, die im Spiel von irgendwelchem Wert ist.

Wäre man nach dieser Entdeckung in Entrüstung ausgebrochen – hätte ich es leichter ertragen können als die schweigende Verachtung und hohnvolle Gelassenheit, mit der man die Sache aufnahm. »Herr Wilson,« sagte unser Gastgeber, während er sich bückte und einen kostbaren Pelzmantel aufhob, »Herr Wilson, der Mantel gehört wohl Ihnen.« (Es war kaltes Wetter, und als ich meine Wohnung verließ, hatte ich daher, da ich nur im Hausrock war, einen Mantel übergeworfen, den ich dann hier im Hause abgelegt.) »Ich denke, es ist überflüssig, auch hier noch nach weiteren Beweisen Ihrer Hinterlist zu suchen.« (Er betrachtete den Mantel mit bitterem Lächeln.) »Wir haben schon genug davon. Sie sehen wohl selbst die Notwendigkeit ein, Oxford zu verlassen – jedenfalls aber sofort meine Wohnung zu verlassen.«

Verhöhnt und gedemütigt, wie ich durch diese Rede war, hätte ich mich wahrscheinlich sofort durch eine tätliche Beleidigung gerächt, wäre nicht im selben Augenblick meine ganze Aufmerksamkeit durch eine höchst sonderbare Tatsache gefesselt worden. Der Mantel, den ich bei meinem Herkommen getragen, war aus sehr seltenem Pelzwerk; wie selten, wie außerordentlich kostbar es war, wage ich gar nicht zu sagen. Auch entstammte seine Machart meinem eigenen Erfindergeist, denn ich war, was meine Kleidung anlangte, geradezu geckenhaft eitel. Als mir daher Herr Preston jenen Mantel reichte, den er in der Flügeltür vom Boden aufgehoben, gewahrte ich mit Staunen und Entsetzen, daß ich den meinigen bereits auf dem Arm trug (ich hatte ihn anscheinend ganz unwillkürlich schon ergriffen) und daß der mir dargebotene in jedem, selbst dem kleinsten Teilchen, sein vollkommenes Gegenstück war. Das merkwürdige Wesen, das mich so schrecklich bloßgestellt, war, wie ich mich erinnerte, in einem Mantel gehüllt gewesen, und keiner aus unserer Gesellschaft außer mir hatte einen solchen umgehabt. Mit einiger Geistesgegenwart nahm ich den Mantel, den Preston mir reichte, legte ihn unbemerkt über den andern auf meinen Arm und verließ mit finsteren trotzigen Blicken das Zimmer. Am andern Morgen trat ich vor Tagesanbruch eine Reise nach dem Kontinent an, gehetzt von Scham und Entsetzen.

Ich floh vergebens! Mein böses Geschick verfolgte mich frohlockend und zeigte, daß seine geheimnisvolle Macht eigentlich jetzt erst beginne. Kaum hatte ich meine Schritte nach Paris gelenkt, als ich neue Beweise von der Anteilnahme erhielt, die dieser fürchterliche Wilson für meine Angelegenheiten zeigte. Jahre vergingen – ich fand keine Erlösung. Der Schurke! – mit welch ungelegener, welch gespenstischer Geschäftigkeit trat er in Rom zwischen mich und meine ehrgeizigen Pläne! Und in Wien ebenso – in Berlin – in Moskau! Wo, ja wo ward mir nicht bittere Ursache, ihn aus tiefstem Herzen zu verwünschen? Schließlich floh ich vor seiner rätselhaften Tyrannei wie ein halb Wahnsinniger – und bis an das Ende der Welt floh ich vergebens.

Und wieder und wieder fragte meine Seele sich in geheimer Zwiesprach mit sich selbst: ›Wer ist er? – Woher kam er? Und was sind seine Absichten?‹ Doch war keine Antwort zu finden. Und nun forschte ich mit peinlicher Genauigkeit der Art, dem Vorgehen, den herrschenden Zügen seiner unverschämten Überwachung nach. Aber selbst hier gab es nur wenig, worauf sich eine Vermutung gründen ließ. Es war allerdings auffallend, daß es ihm bei jedem der zahlreichen Fälle, in denen er seit kurzem meinen Weg kreuzte, lediglich darauf ankam, solche Pläne zu vereiteln oder solche Handlungen zunichte zu machen, die, wenn sie zur vollen Ausführung gelangt wären, schlimmes Elend gezeitigt hätten. Welch eine armselige Rechtfertigung für eine so gewalttätige Bevormundung – für ein so hartnäckiges, so freches Eingreifen in meine natürlichen Rechte der Selbstbestimmung!

Ich hatte ferner festgestellt, daß mein Peiniger, der mit wundersamer Geschicklichkeit meine Erscheinung bis ins kleinste nachahmte, es bei seinen jedesmaligen Einmischungen so einzurichten gewußt hatte, daß ich seine Gesichtszüge nicht zu sehen bekam. Mochte Wilson sein, wer er wollte, *das* jedenfalls war die abgeschmackteste Ziererei und Albernheit. Konnte er nur einen Augenblick annehmen, daß ich in dem Warner aus Eton – in dem Zerstörer meiner Ehre zu Oxford – in ihm, der in Rom meine hochfliegenden Pläne, in Paris meine Rachegelüste, in Neapel meine leidenschaftliche Liebe vereitelte und in Ägypten ein Vorhaben störte, daß er fälschlicherweise meiner Habgier zuschrieb –, daß ich in diesem meinem Erbfeind und bösen Geist den William Wilson meiner Schuljahre nicht wiedererkennen würde – den Namensvetter, den Kameraden, den Rivalen – den verhaßten und gefürchteten Rivalen im Hause Dr. Bransbys? Unmöglich! – Doch laßt mich zu der letzten ereignisreichen Szene des Dramas kommen.

Bis jetzt hatte ich mich seiner Herrschaft blindlings unterworfen. Die tiefe Ehrfurcht, mit der ich gewohnt war, den überlegenen Charakter, die göttliche Weisheit, die scheinbare Allgegenwart und Allmacht Wilsons anzusehen, hatte, gemischt mit dem Entsetzen, mit dem gewisse andere Züge seines Wesens mich erfüllten, mich von meiner eignen Schwäche und Hilflosigkeit überzeugt und eine vollständige, wenn auch widerstrebende Unterwerfung unter seinen despotischen Willen herbeigeführt. In letzter Zeit aber hatte ich mich ganz dem Wein ergeben, und sein aufreizender Einfluß auf mein ererbtes Temperament machte mir dies Überwachtsein immer unerträglicher. Ich begann zu murren – zu überlegen – zu widerstreben. Und war es nur Einbildung, was mich glauben ließ, daß mit meiner zunehmenden Festigkeit diejenige meines Peinigers im entsprechenden Verhältnis abnahm? Sei dem, wie ihm wolle, ich begann jetzt zu fühlen, daß brennende Hoffnung in mir erwachte, und nährte schließlich in meinen geheimsten Gedanken den festen und verzweifelten Entschluß, meine sklavische Unterwerfung abzuschütteln.

Es war in Rom, als ich im Karneval des Jahres 18.. einem Maskenfest im Palazzo des napolitanischen Herzogs di Broglio beiwohnte. Ich hatte noch reichlicher als sonst dem Weine zugesprochen, und jetzt quälte mich die erstickende Luft der überfüllten Räume unerträglich. Auch die Schwierigkeit, mit der ich mir durch das Gewühl der Gäste meinen Weg bahnen mußte, trug nicht wenig dazu bei, meine Stimmung reizbar zu machen; denn ich suchte (laßt mich verschweigen, aus welch unwürdigem Grunde), suchte eifrig die junge und fröhliche und wunderschöne Frau des alten kindischen Narren di Broglio. In ihrem sorglosen Vertrauen hatte sie mir verraten, welches Maskengewand sie tragen werde, und nun hatte ich sie erspäht und eilte, in ihre Nähe zu gelangen. In diesem Augenblick fühlte ich eine leichte Hand auf meiner Schulter und in meinem Ohr das unvergeßliche, verwünschte Flüstern.

In einem wahren Wutanfall wandte ich mich dem Störer zu und ergriff ihn heftig beim Kragen. Er war, wie ich es erwartet, in genau das gleiche Gewand gekleidet wie ich selbst; so trug also auch er einen spanischen Mantel aus blauem Samt und einen karminroten Gürtel, in dem ein Papier steckte. Eine schwarze Seidenmaske bedeckte sein Gesicht.

»Schurke!« sagte ich mit vor Wut heiserer Stimme, während jede Silbe, die ich sprach, meinen Zorn mit neuen Gluten schürte; »Schurke! Betrüger! Verfluchter Schuft! Du sollst mich nicht – *Du wirst mich nicht* zu Tode hetzen! Folge mir, oder ich steche dich hier auf der Stelle nieder!« – Und ich bahnte mir aus dem Ballsaal einen Weg in das angrenzende kleine Vorzimmer und zog ihn mit Gewalt mit mir.

Als ich dort eintrat, schleuderte ich ihn wütend von mir fort. Er schwankte gegen die Wand, ich schloß fluchend die Tür und gebot ihm, den Degen zu ziehen. Er zögerte nur einen Augenblick; dann seufzte er leise, zog den Degen und stellte sich in Bereitschaft.

Der Zweikampf war kurz genug. Ich war in rasender Aufregung und blinder Wut und fühlte in meinem Arm die Kraft von Hunderten. In wenigen Sekunden drängte ich ihn gegen die Wand zurück, und da ich ihn nun ganz in meiner Gewalt hatte, stach ich ihm die Waffe in viehischer Gier wieder und wieder durchs Herz.

Da versuchte jemand, die Tür zu öffnen. Ich eilte hin, um eine Störung fernzuhalten, kehrte aber sofort zu meinem sterbenden Gegner zurück. Doch welche menschliche Sprache kann das Erstaunen – das Entsetzen wiedergeben, das mich bei dem Schauspiel erfaßte, das sich nun meinen Blicken bot. Der kurze Augenblick, für den ich die Augen abgewendet, hatte genügt, um drüben am andern Ende des Zimmers eine Veränderung zu schaffen. Ein großer Spiegel – so schien es mir zuerst in meiner

Verwirrung – stand jetzt da, wo vorher keiner gewesen war; und als ich im höchsten Entsetzen zu ihm hinschritt, näherten sich mir aus seiner Fläche meine eigenen Züge – bleich und blutbesudelt – meine eigene Gestalt, ermatteten Schrittes.

So schien es, sage ich, doch war es nicht so. Es war mein Gegner – es war Wilson, der da im Todeskampfe vor mir stand. Seine Maske und sein Mantel lagen auf dem Boden, da, wo er sie hingeworfen. Kein Faden an seinem Anzug – keine Linie in den ausgeprägten und eigenartigen Zügen seines Antlitzes, die nicht bis zur vollkommenen Identität *mein eigen* gewesen wären!

Es war Wilson; aber seine Sprache war kein Flüstern mehr, und ich hätte mir einbilden können, ich selber sei es, der da sagte: »Du hast gesiegt, und ich unterliege. Dennoch, von nun an bist auch du tot – tot für die Welt, den Himmel und die Hoffnung! In mir lebtest du – und nun ich sterbe, sieh hier im Bilde, das dein eignes ist, wie du dich selbst ermordet hast.«

Lebendig begraben

Es gibt Themen, die für unsern Geist stets von Interesse sein werden, die aber zu entsetzlich sind, als daß die Dichtung sie behandeln könnte. Der Romanschreiber muß sie vermeiden, wenn er nicht in die Gefahr geraten will, Abscheu und Ekel zu erwecken. Sie sind nur dann möglich, wenn Ernst und Majestät des Todes sie heiligen und stützen. Welch »angenehmes Gruseln« fühlen wir z. B. bei dem Bericht des Überganges über die Beresina, des Erdbebens von Lissabon, der Pest in London, der Metzeleien der Bartholomäusnacht oder des Erstickungstodes der hundertdreiundzwanzig Gefangenen im »Schwarzen Loch« von Kalkutta. Doch in allen diesen Berichten ist es die Tatsache – ist es die Wirklichkeit – das geschichtliche Ereignis, das aufregt. Als Dichtungen würden wir sie nur mit Abscheu betrachten.

Ich habe hier einige wenige der großen und folgenreichen Unglücksfälle erwähnt; in diesen aber ist es ebensosehr die Größe wie die Art des Unglücks, was auf unsere Phantasie so lebhaften Eindruck macht. Ich brauche dem Leser nicht vorzuhalten, daß ich aus dem langen und schaurigen Register menschlichen Elends manchen Einzelfall hätte herausgreifen können, der leidvoller gewesen ist als irgendeiner dieser Massentode. Das wahre Elend – das tiefste Weh – erlebt der einzelne, nicht die Gesamtheit. Und daß das Fürchterlichste, der Todeskampf, vom einzelnen und nicht von der Gesamtheit getragen wird – dafür laßt uns dem barmherzigen Gott danken!

Lebendig begraben zu werden, ist ohne Frage die grauenvollste aller Martern, die je dem Sterblichen beschieden wurde. Daß es häufig, sehr häufig vorgekommen ist, wird von keinem Denkenden bestritten werden. Die Grenzen, die Leben und Tod scheiden, sind unbestimmt und dunkel. Wer kann sagen, wo das eine endet und das andere beginnt? Wir wissen, daß es Krankheitsfälle gibt, in denen ein völliger Stillstand all der sichtbaren Lebensfunktionen eintritt, und dennoch ist dieser Stillstand nur eine Pause, nur ein zeitweiliges Aussetzen des unbegreiflichen Mechanismus. Einige Zeit vergeht – und eine unsichtbare, geheimnisvolle Ursache setzt die zauberhaften Schwingen, das gespenstische Räderwerk wieder in Bewegung. Die silberne Saite war nicht zerrissen, der goldene Bogen war nicht unrettbar zerbrochen. Wo aber war währenddessen die Seele?

Doch abgesehen von der logischen Schlußfolgerung A PRIORI, daß solche Ereignisse auch ihre Folgen haben müssen, daß diese wohlbekannten Fälle von Scheintod selbstredend hier und da zu einem vorzeitigen Begräbnis führen müssen – abgesehen von dieser Betrachtung haben wir das direkte Zeugnis der Ärzte und der Erfahrung als Beweis, daß zahlreiche solcher Begräbnisse stattgefunden haben. Ich kann auf Verlangen sofort hundert authentisch erwiesene Fälle anführen. Einer derselben, dessen eigenartige Umstände einigen meiner Leser noch frisch im Gedächtnis sein dürften, ereignete sich vor nicht allzulanger Zeit in der benachbarten Stadt Baltimore, wo er in allen Kreisen tiefe und schmerzliche Aufregung hervorrief.

Die Frau eines der angesehensten Bürger – berühmten Advokaten und Kongreßmitgliedes – wurde von einer plötzlichen und unerklärlichen Krankheit befallen, an der die Kunst der Ärzte scheiterte. Nach schrecklichen Leiden starb sie oder wurde wenigstens für tot gehalten. Nicht einer vermutete, daß sie nur scheintot sei – nicht einer hatte Grund dazu. Sie zeigte alle üblichen Merkmale des Todes. Das Gesicht hatte die bekannten verkniffenen und eingesunkenen Züge; die Lippen hatten Marmorblässe; die Augen waren glanzlos. Sie hatte weder Blutwärme noch Pulsschlag. Drei Tage blieb der Körper unbeerdigt, und in dieser Zeit war er zu Eiseskälte erstarrt. Man beeilte die Bestattung, weil die vermeintliche Zersetzung so rasche Fortschritte machte.

Die Dame wurde in der Familiengruft beigesetzt, und drei Jahre lang blieb diese unberührt. Nach Ablauf dieser Frist wurde sie zur Aufnahme eines Sarkophags geöffnet; – aber ach! welch furchtbarer Schlag erwartete den Gatten, der eigenhändig das Tor aufschloß! Als die Türflügel nach außen aufflogen, sank ein weißgekleidetes Etwas ihm klappernd in die Arme. Es war das Totenskelett seines Weibes in dem noch unverwesten Leichenkleid.

Sorgfältige Nachforschungen ergaben, daß sie zwei Tage nach ihrem Begräbnis wieder erwacht und daß der Sarg infolge ihrer verzweifelten Befreiungsversuche von der Bahre herabgestürzt und zerbrochen war, so daß sie ihm entsteigen konnte. Eine Öllampe, die zufällig gefüllt in der Gruft zurückgelassen worden war, stand leer; das Öl konnte aber auch verdunstet sein. Auf der obersten Stufe der Treppe, die zur Totenkammer hinabführte, lag ein Teil des Sarges, mit dem sie wahrscheinlich gegen das Eisentor geschlagen hatte, um die Aufmerksamkeit auf sich zu lenken. Bei dieser Tätigkeit hatte sie vermutlich eine Ohnmacht – oder auch infolge des Grauens der Tod befallen; beim Niedersinken verfing sich ihr Leichenhemd in irgendeinem vorstehenden Eisenteil des Tores. So blieb sie, und so verweste sie – aufrecht.

Im Jahr 1810 ereignete sich in Frankreich ein vorzeitiges Begräbnis von so seltsamen Umständen, daß sie die Behauptung rechtfertigen: die Wirklichkeit ist oft seltsamer als alle Dichtung. Die Heldin der Geschichte war ein Fräulein Victorine Lafourcade, ein junges und sehr schönes Mädchen aus vornehmer und wohlhabender Familie. Unter ihren zahlreichen Verehrern war auch ein Herr Julien Bossuet, ein armer Gelehrter oder Literat aus Paris. Sein Talent und sein einnehmendes Wesen hatten die Aufmerksamkeit der Erbin erregt, die ihn aufrichtig geliebt zu haben scheint; ihr Familienstolz bewog sie schließlich aber doch, ihn abzuweisen und einen Herrn Renelle zu heiraten, einen Bankier und gewandten Diplomaten. Nach der Hochzeit aber vernachlässigte sie der Gatte – ja mißhandelte sie wohl gar, und nach einigen leidvollen Jahren starb sie – wenigstens glich ihr Zustand so ganz dem Tod, daß jeder, der sie sah, sich täuschen ließ. Sie wurde begraben – nicht in einer Gruft, sondern in einer gewöhnlichen Grabstätte ihres Heimatdorfes. Voll Verzweiflung und entflammt von der Erinnerung an ihre tiefe Zuneigung reist der abgewiesene Freier von der Hauptstadt nach der entlegenen Provinz, zu jenem Dorf, in der romantischen Absicht, die Leiche auszugraben und sich in den Besitz ihrer wunderbaren Locken zu setzen. Er findet das Grab. Um Mitternacht legt er den Sarg von der Erde bloß, öffnet ihn und ist dabei, das Haar abzuschneiden, als er innehält – denn die geliebten Augen öffnen sich. Man hatte die junge Frau *lebendig begraben*. Die Lebenskraft war noch nicht ganz entwichen, und die Liebkosungen ihres Getreuen erweckten sie aus der Lethargie, die man irrtümlich für Tod gehalten. In wahnsinniger Freude trug er sie nach seiner Wohnung im Dorf, wo er, der einige medizinische Kenntnisse hatte, ihr allerlei Belebungsmittel einflößte. Endlich erholte sie sich. Sie erkannte ihren Erretter. Sie blieb bei ihm, bis sie ihre frühere Gesundheit wieder erlangt hatte. Ihr Frauenherz war nicht von Eisen, und dieser letzte Liebesbeweis erweichte es; sie gab es Bossuet zu eigen. Sie kehrte nicht zu ihrem Gatten zurück, sondern verbarg ihm ihre Auferstehung und entfloh mit dem Geliebten nach Amerika. Zwanzig Jahre später kamen die beiden wieder nach Frankreich, in der Überzeugung, die Zeit habe das Äußere der Frau so sehr verändert, daß ihre Angehörigen sie nicht wiedererkennen würden. Sie irrten sich jedoch, denn bei der ersten Begegnung erkannte Herr Renelle sein Weib und erhob Anspruch auf sie. Sie weigerte sich aber, zu ihm zurückzukehren, und das Gericht gab ihr recht, indem es entschied, daß die besonderen Umstände und die lange Reihe von Jahren nicht nur billigerweise, sondern auch gesetzlich die Rechte des Gatten ausgelöscht hätten.

Die Leipziger »Chirurgische Zeitung« – eine bedeutende und angesehene Zeitschrift, von der man wünschen möchte, daß sie, in unsere Sprache übersetzt, auch in Amerika erschiene – berichtet in einer der letzten Nummern ein ähnliches Ereignis furchtbarer Art.

Ein Artillerieoffizier, von prächtiger Gestalt und von robuster Gesundheit, wurde von einem störrischen Pferde abgeworfen und trug eine äußerst schwere Kopfwunde davon, die ihm sofort das Bewußtsein nahm; er hatte eine leichte Schädelfraktur, doch schien keine direkte Gefahr vorhanden. Die Trepanierung war erfolgreich; man ließ ihn zur Ader, und viele andere Linderungsmittel wurden angewandt. Trotzalledem nahm die Betäubung, die Erstarrung mehr und mehr zu, und schließlich hielt man ihn für tot.

Es war warmes Wetter, und er wurde mit fast unziemlicher Eile zu Grabe getragen. Das geschah an einem Donnerstag. Am darauffolgenden Sonntag war der Friedhof wie üblich sehr besucht, und um die Mittagszeit brachte ein Bauer die ganze Menge in Aufruhr mit der Behauptung, während er auf dem Grabe des Offiziers gesessen, habe sich die Erde unter ihm bewegt, als suche sich jemand herauszuarbeiten. Zunächst schenkte man der Versicherung des Mannes keinen Glauben, aber sein sichtliches Entsetzen und die Hartnäckigkeit, mit der er bei seiner Aussage verblieb, machten zum Schluß doch Eindruck auf die Menge, Man schaffte eilends Spaten herbei, und das nur oberflächlich zugeschüttete Grab war in wenigen Minuten so weit bloßgelegt, daß der Kopf des Eingesargten sichtbar ward. Er schien tot zu sein, aber er saß aufrecht in seinem Sarg, dessen Deckel er bei seinen wütenden Befreiungsversuchen teilweise abgehoben hatte.

Er wurde sofort ins nächste Hospital gebracht, wo man konstatierte, daß er, wenngleich in tiefer Ohnmacht, noch am Leben sei. Nach einigen Stunden erwachte er, erkannte die an sein Lager geeilten Freunde und sprach in abgerissenen Sätzen von seinen Befreiungsversuchen im Grabe.

Aus dem, was er sagte, ging hervor, daß er im Grabe mehr als eine Stunde wach gewesen sein mußte, ehe ihn das Bewußtsein verließ. Das Grab war nur oberflächlich mit sehr lockerer Erde angefüllt und ließ daher der Luft etwas Zutritt. Er hörte die Schritte der Menge über sich und versuchte seinerseits, sich hörbar zu machen. Er war der Meinung, das Geräusch der vielen Schritte habe ihn erweckt, doch kaum erwacht, gewahrte er mit namenlosem Entsetzen seine schreckliche Lage.

Dieser Patient – hieß es in dem Bericht weiter – erholte sich wieder, und es schien, als werde er ganz gesunden, da wurde er das Opfer eines medizinischen Experiments. Man wendete die galvanische Batterie bei ihm an, und er verstarb plötzlich in einem Paroxysmus, wie dieses Verfahren ihn manchmal zur Folge hat.

Bei Erwähnung der galvanischen Batterie fällt mir ein wohlbekannter und ganz seltsamer Fall ein, die Tatsache nämlich, daß ihre Anwendung bei einem jungen Londoner Advokaten, der bereits zwei Tage begraben gelegen hatte, diesen wieder ins Leben zurückrief. Das geschah im Jahre 1831 und machte überall, wo davon die Rede war, großes Aufsehen.

Der Patient, Herr Eduard Stapleton, war anscheinend an Typhus gestorben, doch unter eigenartigen Begleitumständen, welche die Neugier seiner Ärzte erregt hatten. Nach seinem Hinscheiden ersuchte man die Verwandten, eine Sezierung der Leiche zu gestatten, was aber abgelehnt wurde. Wie das nach solcher Weigerung oft geschieht, beschlossen die Ärzte, den Leichnam auszugraben und dennoch heimlich zu sezieren. Man einigte sich mit einer Bande von Leichenräubern, wie sie in London nicht selten sind, und in der dritten Nacht nach dem Begräbnis wurde die angebliche Leiche aus ihrem acht Fuß tiefen Grabe hervorgeholt und in das Operationszimmer eines Privathospitals gebracht.

Ein ziemlich großer Schnitt in den Unterleib zeigte, daß das Fleisch noch frisch und unverwest war, und brachte die Ärzte auf den Einfall, die galvanische Batterie anzuwenden. Ein Experiment folgte dem andern und hatte die üblichen Wirkungen, die nur in zwei Fällen den konvulsivischen Zuckungen ein mehr als gewöhnliches Leben gaben.

Es wurde spät. Der Tag dämmerte, und man hielt es für ratsam, endlich die Sektion vorzunehmen. Ein Student jedoch, der gern eine eigene Theorie erproben wollte, bestand darauf, die Batterie auf einen der Brustmuskel anzuwenden. Man machte schnell einen Schnitt und brachte einen Draht in Kontakt mit dem Muskel. Da plötzlich erhob sich der Patient mit einer schnellen, doch keineswegs konvulsivischen Bewegung vom Tisch, schritt in die Mitte des Zimmers, blickte sekundenlang unsicher umher und sprach. Was er sagte, war nicht zu verstehen; aber er äußerte Worte, bildete Silben. Als er gesprochen hatte, fiel er schwer zu Boden.

Einen Augenblick waren alle gelähmt von Entsetzen; doch das Bewußtsein, daß hier rasch eingegriffen werden müsse, gab ihnen bald die Geistesgegenwart zurück. Man entdeckte, daß Herr Stapleton ohnmächtig, aber am Leben war. Nach Anwendung von Äther erwachte er und konnte schnell wiederhergestellt und seinen Verwandten zurückgegeben werden. Ihr Erstaunen – ihre namenlose Verwunderung sei hier verschwiegen.

Das Unerhörteste aber an dem ganzen Ereignis ist das, was Herr Stapleton selbst berichtet. Er erklärt, die ganze Zeit über nie völlig besinnungslos gewesen zu sein, sondern – wenn auch unklar und verwirrt – alles gewußt zu haben, was mit ihm vorging – vom Augenblick an, da die Ärzte ihn für »tot« erklärten, bis zu dem, da er im Hospital ohnmächtig zu Boden sank. »Ich lebe« waren die unverständlichen Worte, die er, als er vom Seziertisch heruntertaumelte, in seiner äußersten Not herausstieß.

Es wäre ein leichtes, noch viele solcher Geschichten anzuführen; ich unterlasse es aber, denn wir bedürfen ihrer nicht zur Feststellung der Tatsache, daß verfrühte Begräbnisse stattfinden. Wenn wir bedenken, wie selten es naturgemäß in unserer Macht liegt, solche Fälle aufzudecken, so müssen wir zugeben, daß sie häufig genug ohne unser Wissen vorkommen. Tatsächlich finden kaum je in einem Friedhof umfangreiche Umgrabungen statt, ohne daß Skelette aufgefunden werden, deren Haltung die fürchterlichsten Vermutungen rechtfertigt.

Fürchterlich die Vermutung, doch fürchterlicher noch das Schicksal selbst! Es ist nicht zu viel gesagt mit der Behauptung, daß *kein* Ereignis so grauenvoll geeignet ist, Leib und Seele aufs äußerste zu schrecken, wie das Lebendigbegrabensein. Der unerträgliche, atemraubende Druck – die erstickenden Dünste der feuchten Erde – das hemmende Leichengewand – die harte Enge des schmalen Hauses – das Dunkel vollkommener Nacht – die alles verschlingende Woge ewiger Stille – die unsichtbare, doch fühlbare Nähe des Eroberers Wurm – diese Dinge und der Gedanke, daß droben die Gräser im Winde wehn, und die Erinnerung an liebe Freunde, die, wenn sie nur unser Schicksal ahnten, zu unserer Rettung herbeieilen würden, und das Bewußtsein, daß sie dies Schicksal nie erfahren werden – daß wir ohne alle Hoffnung zu den wirklich Toten zählen – diese Betrachtungen, sage ich, tragen in das noch pulsende Herz ein so namenloses Grauen, wie selbst die stärkste Phantasie es nicht beschreiben kann. Gibt es auf Erden ähnlich Grauenvolles – können wir uns selbst für die tiefste Hölle solche Schrecken träumen? Und daher begegnet man derartigen Berichten mit so besonderem Interesse – aber einem Interesse, das ganz von unserem Glauben an die *Wahrheit* des geschilderten Ereignisses abhängig ist. Was ich jetzt erzählen will, habe ich selbst am eigenen Leibe erfahren.

Ich war jahrelang den Anfällen jener seltsamen Krankheit unterworfen, der die Ärzte in Ermangelung einer treffenden Bezeichnung den Namen Katalepsie gegeben haben. Obgleich die mittelbaren und unmittelbaren Ursachen fast unbekannt sind, ja sogar die Krankheitsdiagnose selbst noch dunkel ist, so sind doch ihre äußerlich wahrnehmbaren Merkmale zur Genüge bekannt. Ihre Haupteigenschaft besteht in der Verschiedenartigkeit ihrer Anfälle. Manchmal liegt der Patient nur einen Tag oder selbst kürzere Zeit in vollständiger Lethargie. Er ist gefühllos und regungslos, aber der Herzschlag ist noch schwach fühlbar, der Körper ist noch ein wenig warm, ein leichtes Rot färbt die Wangen, und wenn man den Lippen einen Spiegel nähert, so kann man ein träges, unregelmäßiges Atmen wahrnehmen. Dann wieder dauert dieser Zustand Wochen – ja Monate, und dann vermögen die sorgfältigsten ärztlichen Untersuchungen nicht mehr einen Unterschied festzustellen zwischen dem Zustand des Kranken und dem, was wir als Tod bezeichnen. Sehr häufig wird er nur dadurch vor vorzeitigem Begrabenwerden bewahrt, daß seine Freunde von früheren kataleptischen Anfällen wissen und daher argwöhnisch sind, und vor allem dadurch, daß keine Verwesung eintritt. Die Krankheit macht glücklicherweise nur langsame Fortschritte; schon ihre ersten Anzeichen sind unzweideutiger Natur. Nach und nach werden die Anfälle stärker und dauern von Mal zu Mal länger. Hierin hauptsächlich liegt die Sicherheit vor einem allzufrühen Begrabenwerden. Der Unglückselige, dessen *erster* Anfall bereits die Heftigkeit des letzten hätte, würde unvermeidlich lebendig zu Grabe getragen.

Mein eigener Fall wich in nichts von den in medizinischen Büchern geschilderten Fällen ab. Ohne ersichtliche Ursache überfiel mich hie und da ein ohnmachtartiger Zustand, in dem ich ohne Schmerzen und regungslos, ja ohne Denkvermögen verharrte, immer aber mit dem schwachen Bewußtsein dessen, was an meinem Lager vorging, bis ich ganz plötzlich wieder zu vollem Bewußtsein erwachte. Zu andern Zeiten packte es mich rasch und ungestüm. Mir wurde übel, mich fröstelte, und ein Schwindelanfall warf mich rasch zu Boden. Dann war wochenlang alles um mich her leer und stumm und schwarz, und das Weltall wurde zum Nichts. Es war der vollkommene Tod. Aus diesen letzteren Anfällen aber erwachte ich weit langsamer, als ich davon befallen wurde. Gleichwie dem freund- und heimatlosen Bettler, der die lange einsame Winternacht durch die Straßen irrt, die Morgendämmerung nur zögernd, nur ganz allmählich und doch wie beglückend erscheint – geradeso kehrte das Licht meiner Seele zurück.

Abgesehen von diesen kataleptischen Anfällen schien mein Gesundheitszustand gut und keiner Beeinflussung durch diese Krankheit unterworfen – bis auf eine gewisse Eigentümlichkeit meines gewöhnlichen Schlafes. Wenn ich erwachte, war ich nie sofort Herr meiner Sinne, sondern blieb minutenlang erschreckt und verwirrt; die geistigen Fähigkeiten, besonders das Gedächtnis, waren wie gelähmt.

In all meinem Leiden gab es kaum physische Schmerzen, aber eine unerträgliche seelische Depression. Meine Phantasie sah nichts als Leichen. Ich sprach von Würmern, Grab und Leichenstein. Ich versank in Träumereien über den Tod und war von der düsteren Ahnung erfaßt, einmal lebendig begraben zu werden. Diese gespenstische Gefahr verfolgte mich Tag und Nacht; bei Tag quälten mich grausige Grübeleien, des Nachts war ich dem Wahnsinn nahe. Wenn Dunkelheit sich über die Erde breitete, schreckten mich die Gedanken, und ich bebte – bebte wie die schwankenden Federn auf den Köpfen der Pferde beim Leichenbegängnis. Wenn ich mich nicht mehr wach halten konnte, so kostete es mich einen Kampf, schlafen zu gehen, – denn mir grauste bei dem Gedanken, ich könne mich beim Erwachen im Grabe finden. Und wenn ich schließlich in Schlummer sank, so vermochte ich es nur, um sogleich in einem Meer von Phantasien zu versinken, das überschattet wurde von den riesigen, schwarzen Schwingen jenes einen Grabgedankens.

Aus den zahllosen düsteren Bildern, die mich in Träumen ängsteten, will ich nur eine einzige Vision berichten. Mir war, als läge ich in einer Erstarrung, die tiefer war und länger dauerte als je vorher. Da plötzlich legte sich eine eisige Hand auf meine Stirn, und eine ungeduldige Stimme rasselte mir ins Ohr: »Steh auf!«

Ich saß aufrecht. Es war völlig finster. Ich konnte die Gestalt nicht sehen, die mich geweckt hatte. Ich konnte mich weder erinnern, wann dieser Anfall mich erfaßt hatte noch wo ich mich überhaupt befand. Ich harrte regungslos und mühte mich, meine Gedanken zu sammeln, aber die kalte Faust packte mich wild am Handgelenk und schüttelte mich, und die rasselnde Stimme sagte von neuem:

»Steh auf! Gebot ich dir nicht, aufzustehen?«

»Wer bist du?« fragte ich.

»Ich habe keinen Namen dort, wo ich hause«, erwiderte die Stimme klagend; »ich war sterblich und bin doch Dämon. Ich war unbarmherzig und bin mitleidig. Du fühlst, daß ich schaudere. Meine Zähne klappern – aber nicht, weil die Nacht so frostig ist – die endlose Nacht. Doch dies Grauen, dieser Ekel ist unerträglich! Wie kannst du ruhig schlafen? Ich kann nicht Ruhe finden vor dem Schrei der Todesängste. Diese Seufzer sind mehr, als ich ertragen kann. Steh auf! Komm mit mir hinaus in die Nacht und laß mich dir die Gräber öffnen. Ist dieser Anblick nicht ein furchtbar Weh? – Sieh!«

Ich blickte; und die unsichtbare Gestalt, die mich noch immer an der Hand hielt, hatte die Gräber der ganzen Menschheit aufgeworfen, und aus einem jeden drang ein schwacher Phosphorschein der Verwesung, so daß ich in den tiefsten Schlund hinabsehen und die eingesargten Leichen in ihrem trauervollen Schlafe mit den Würmern schauen konnte. Aber ach! der wirklichen Schläfer waren es Millionen weniger als der Wachenden; und da war ein Kämpfen und Wehren und eine allgemeine schmerzliche Unruhe; und aus den Tiefen der zahllosen Gruben drang das melancholische Rauschen der Totenhemden; und unter denen, die still zu ruhen schienen, sah ich, daß viele mehr oder weniger die kalte, unbequeme Lage, in der man sie hinabgesenkt, verändert hatten. Und wie ich blickte, sagte die Stimme von neuem: »Ist es nicht – oh, ist es nicht ein schmerzlicher Anblick?« Doch ehe ich die Antwort finden konnte, hatte die Gestalt meine Hand losgelassen, der Phosphorschein erlosch, und die Gräber schlossen sich plötzlich; aus ihrem Innern aber hob sich ein Chaos verzweifelter Schreie, und wieder klang es: »Ist es nicht – o Gott! ist es nicht ein schmerzlicher Anblick?«

Solche Nachtphantasien übten auch auf meine wachen Stunden ihren entsetzlichen Einfluß. Meine Nerven waren völlig zerrüttet, und ich war die Beute ewigen Grauens. Ich wagte mich weder zu Fuß noch zu Pferd aus dem Hause, von dem ich mich nicht mehr entfernen wollte, um stets in der Nähe derer zu sein, die meine Neigung zu kataleptischen Anfällen kannten; hätte es sich andernfalls nicht ereignen können, daß ich begraben wurde, ehe mein wahrer Zustand festgestellt werden konnte? Ich fürchtete, ein Anfall von außergewöhnlich langer Dauer könne sie an meinem Wiedererwachen zweifeln lassen. Ich ging sogar so weit, zu argwöhnen, man werde sich freuen, in einem besonders hartnäckigen Anfall willkommene Gelegenheit zu finden, sich meiner zu entledigen. Vergebens versuchten sie mich mit feierlichen Versprechungen zu beruhigen. Ich nahm ihnen die heiligsten Schwüre ab, mich unter keinen Umständen eher zu begraben, als bis die Verwesung so weit fortgeschritten wäre, daß ein längeres Lagern unmöglich sei; und selbst dann noch wollte meine tödliche Angst keiner Vernunft gehorchen, keinen Trost annehmen. Ich traf eine Reihe mühsamer Vorsichtsmaßregeln. Unter anderem ließ ich die Familiengruft so umbauen, daß sie von innen leicht geöffnet werden konnte. Der leiseste Druck auf einen langen Hebel, der tief in die Grabkammer hineinreichte, ließ die eisernen Tore auffliegen. Auch traf ich Vorsorge, daß Luft und Licht freien Zutritt hatten und daß dicht bei dem Sarge, der mich aufnehmen sollte, Gefäße für Speise und Trank bereitstanden. Der Sarg selbst war weich und warm gefüttert und mit einem Deckel versehen, der nach Art der Grufttür eingerichtet war, nur daß hier schon die leiseste Körperbewegung genügte, um den Deckel zu lüften. Überdies hing von der Decke der Grabkammer eine große Glocke herab, deren Seil durch ein Loch im Sarge hineingeführt und an der Hand der Leiche befestigt werden sollte. Aber ach! Was vermag alle Vorsicht gegen das Schicksal. Selbst diese wohlbedachten Maßregeln vermochten nicht, einen Unglücklichen, der dazu vorausbestimmt worden war, vor den unerhörten Schrecken des Lebendigbegrabenwerdens zu bewahren!

Es kam eine Zeit, da ich – wie schon so oft – aus völliger Bewußtlosigkeit zum ersten schwachen Daseinsgefühl wieder erwachte. Langsam – schneckenlangsam – dämmerte meiner Seele der Tag. Träge Unbehaglichkeit; dumpfes Schmerzgefühl; keine Sorgen – kein Hoffen – kein Wollen. Dann, nach langer Pause, Ohrensausen; dann, nach noch längerer Pause, ein stechendes, prickelndes Gefühl in den Gliedern. Dann eine ewiglange Zeit frohen Behagens, während das erwachende Bewußtsein nach Gedanken ringt; dann ein kurzes Zurücksinken ins Nichts; dann wieder plötzliches Erholen. Endlich leises Erbeben der Augenlider und gleich darauf ein Schreck wie elektrischer Schlag, tödlich und endlos, der das Blut von den Schläfen zum Herzen peitscht. Und nun der erste positive Versuch, zu denken. Und nun der Versuch, sich zu erinnern. Und nun habe ich das Gedächtnis so weit zurückerlangt, daß ich mir in gewissem Grade von meinem Zustand Rechenschaft geben kann. Ich fühle, daß es nicht ein gewöhnlicher Schlaf ist, aus dem ich erwache. Ich entsinne mich, einen kataleptischen Anfall gehabt zu haben. Und nun überflutet meine schaudernde Seele wie ein rasendes Meer die *eine* grausige Angst – der *eine* gespenstische und herrschende Gedanke.

Minutenlang, nachdem diese Vorstellung mich erfaßt, verblieb ich regungslos. Und warum? Ich konnte den Mut nicht finden, mich zu rühren. Ich wagte nicht, die Bewegung zu machen, die mir mein Schicksal offenbart hätte, und dennoch flüsterte eine Stimme in meinem Herzen: »Es ist so!« Verzweiflung – wie keine andere Lage sie schaffen kann – Verzweiflung veranlaßte mich nach langer Unentschlossenheit, die schweren Augenlider zu heben. Es war finster – ganz finster. Ich wußte, der Anfall war vorüber. Ich wußte, die Krisis meiner Krankheit war lange vorbei. Ich wußte, daß ich jetzt den vollen Gebrauch meines Gesichtssinnes wiedererlangt hatte – und dennoch war es finster – ganz finster – die tiefe Dunkelheit ewiger Nacht.

Ich versuchte zu schreien, und meine Lippen und meine verdorrte Zunge mühten sich vereint und krampfhaft – aber keine Stimme entrang sich den hohlen Lungen, die, wie von Bergeslast bedrückt, bei jedem mühevollen Atemzug gemeinsam mit dem Herzen grausam aufzuckten.

Die Bewegung der Kinnbacken bei der Anstrengung des Rufenwollens zeigte mir, daß sie von Kinn zu Kopf mit einem Tuch umwunden waren, wie das bei Leichen zu geschehen pflegt. Auch fühlte ich, daß ich auf etwas Hartem lag, und auch meine Seiten wurden von etwas Hartem eingeengt. Bis jetzt hatte ich nicht gewagt, ein Glied zu rühren – nun aber warf ich heftig die Arme empor, die bisher mit gekreuzten Händen dalagen. Sie berührten eine feste Holzmasse, die sich über meinem Körper in einer Höhe von kaum sechs Zoll hinzog. Ich konnte nicht länger zweifeln, daß ich im Sarg lag.

Und nun, inmitten all meines namenlosen Elends, nahte sich mir der süße Engel der Hoffnung – denn ich dachte an meine Vorsichtsmaßregeln. Ich rührte mich und machte krankhafte Versuche, den Deckel aufzuzwängen; er bewegte sich nicht. Ich suchte an meinen Handgelenken nach der Glockenschnur; sie war nicht zu finden. Und nun entfloh der Tröster für immer, und eine noch tiefere Verzweiflung gewann die Oberhand. Ich bemerkte, daß die von mir gewünschte Polsterung fehlte, und in meine Nase stieg der eigenartig herbe Geruch feuchter Erde. Die Schlußfolgerung war unumgänglich: Ich befand mich nicht in der Gruft. Ich war während einer Abwesenheit von zu Hause – unter Fremden – von einem Anfall ergriffen worden; an ein Wann oder Wie wußte ich mich nicht zu entsinnen. Und diese Fremden hatten mich begraben wie einen Hund – in irgendeinen Sarg gesteckt, den sie vernagelt und tief, tief und für immer in ein gewöhnliches und namenloses Grab gesenkt hatten.

Als diese gräßliche Überzeugung sich im geheimsten Fach meiner Seele gebildet hatte, versuchte ich von neuem, laut aufzuschreien; und dieser zweite Versuch gelang. Ein langer, wilder und anhaltender Schrei, ein Todesgellen, echote durch die Reiche der unterirdischen Nacht.

»Hallo, hallo, was gibt's?« gab eine rauhe Stimme Antwort. »Was zum Teufel ist denn los?« sagte eine zweite. »Heraus mit Euch!« sagte eine dritte. »Was soll das heißen, daß Ihr losheult wie ein Kettenhund?« sagte eine vierte. Und hierauf ward ich ergriffen und minutenlang unsanft von einer Gruppe wüstblickender Gesellen geschüttelt. Sie holten mich nicht etwa aus dem Schlaf – denn ich war hellwach, als ich schrie – aber sie setzten mich wieder in den Besitz meines Gedächtnisses.

Dieses Abenteuer ereignete sich in der Nähe von Richmond in Virginia. In Begleitung eines Freundes hatte ich eine Jagdexpedition an den Ufern des James-Flusses unternommen. Die

Nacht kam, und ein Sturm überraschte uns. Die Kabine einer kleinen Schaluppe, die im Strom vor Anker lag und mit Gartenerde geladen war, bot uns den einzigen Schutz. Wir behalfen uns also, so gut es ging, und verbrachten die Nacht an Bord. Ich schlief in einer der zwei einzigen Kojen, die das Schiff aufzuweisen hatte – und die Kojen einer Schaluppe von sechzig bis siebzig Tonnen sind in ihrer Kleinheit kaum zu beschreiben. Die meinige hatte überhaupt kein Lager. Ihre größte Breite betrug achtzehn Zoll. Die Entfernung vom Boden zum Dach war genau dieselbe. Es wurde mir sehr schwer, mich hineinzuzwängen. Trotzdem schlief ich fest, und meine ganze Vision – denn es war kein Traum und kein Alp – entsprang natürlich den eigentümlichen Umständen meiner Lage, meinem gewohnten Gedankengang und der erwähnten Schwierigkeit, unter der ich litt, meine Sinne zu sammeln, besonders nach langem Schlaf das Gedächtnis wiederzuerlangen. Die Männer, die mich schüttelten, waren die Bemannung des Schiffes und ein paar Ladearbeiter. Von der Last selbst rührte der Erdgeruch her. Das Tuch um die Kinnladen war ein seidenes Taschentuch, das ich mir in Ermangelung meiner gewohnten Nachtmütze um den Kopf geschlungen hatte.

Die erduldeten Martern aber waren unzweifelhaft jenen des Lebendigbegrabenseins völlig gleich. Sie waren schrecklich – sie waren unsagbar grauenhaft. Doch der schlimme Umstand hatte eine günstige Folge. Meine Seele bekam Ruhe und Haltung. Ich ging auf Reisen. Ich unterwarf mich körperlichen Anstrengungen. Ich atmete freie Himmelsluft. Ich dachte an andere Dinge als Tod. Ich entfernte meine medizinischen Bücher. »Buchan« verbrannte ich. Ich las keine »Nachtgedanken«, keine bombastischen Kirchhofsmärchen und Schauergeschichten – wie diese hier. Binnen kurzem wurde ich ein neuer Mensch und führte ein männliches Leben. Seit jener denkwürdigen Nacht verlor ich für immer meine Todesgedanken, und mit ihnen verschwanden meine kataleptischen Zustände, von denen sie vielleicht weniger die Folge als die Ursache gewesen waren.

Es gibt Augenblicke, wo selbst dem klugen Auge der Vernunft die Welt unseres traurigen Menschendaseins als Hölle erscheint; aber die Phantasie des Menschen vermag ihre ewigen Grüfte nicht ungestraft zu durchstreifen! Weh! Die grausigen Legionen der Grabesschrecken sind keine Hirngespinste; doch gleich den Dämonen, in deren Gesellschaft Afrasiab den Oxus hinabschiffte, müssen sie schlafen, oder sie verschlingen uns – muß man sie schlummern lassen, oder wir gehen zugrunde.

Das Faß Amontillado

Alle die tausend kränkenden Reden Fortunatos ertrug ich, so gut ich konnte, als er aber Beleidigungen und Beschimpfungen wagte, schwor ich ihm Rache. Ihr werdet doch nicht annehmen – ihr, die ihr so gut das Wesen meiner Seele kennt –, daß ich eine Drohung laut werden ließ. *Einmal* würde ich gerächt sein! Aber die Bestimmtheit, mit der ich meinen Entschluß faßte, verbot mir alles, was mein Vorhaben gefährden konnte. Ein Unrecht ist nicht bestraft, wenn den Rächer Vergeltung trifft für seine Rachetat; es ist auch nicht bestraft, wenn es dem Rächer nicht gelingt, sich als solcher seinem Opfer zu zeigen.

Es muß vorausgeschickt werden, daß ich Fortunato weder mit Wort noch Tat Grund gab, meine gute Gesinnung anzuzweifeln. Ich fuhr fort, liebenswürdig zu ihm zu sein, und er gewahrte nicht, daß mein Lächeln jetzt dem Gedanken seiner Vernichtung galt.

Er hatte eine Schwäche, dieser Fortunato – obschon er in anderer Hinsicht ein geachteter und sogar gefürchteter Mann war. Er brüstete sich damit, daß er ein Weinkenner sei. Nur wenige Italiener besitzen den wahren Kunstverstand. Sie begeistern sich meist nur für eine einzige Sache: für betrügerische Manipulationen gegenüber britischen und österreichischen Millionären. In der Beurteilung von Bildern und Edelsteinen war Fortunato, gleich seinen Landsleuten, ein unwissender Prahlhans, in bezug auf alte Weine aber hatte er ein ehrliches und sicheres Urteil. Hierin stand ich selbst ihm kaum nach; ich kannte den italienischen Wein gut und kaufte viel, sooft sich mir die Gelegenheit bot.

Es war in der tollen Karnevalszeit, als ich an einem dämmerigen Abend meinem Freunde begegnete. Er begrüßte mich mit übertriebener Wärme, denn er hatte viel getrunken. Der Mann war maskiert. Er trug ein enganliegendes, zur Hälfte gestreiftes Gewand, und auf seinem Kopfe erhob sich die konisch geformte

Narrenkappe. Ich freute mich so sehr, ihn zu sehen, daß ich gar kein Ende finden konnte, ihm die Hand zu schütteln.

Ich sagte zu ihm: »Mein lieber Fortunato, es freut mich, dich zu treffen. Wie prächtig du heute aussiehst – außerordentlich wohl! Doch höre: ich habe ein Faß Wein bekommen, das für Amontillado gilt, und ich habe meine Zweifel.«

»Wie?« sagte er, »Amontillado? Ein Faß? Unmöglich! Und mitten im Karneval?«

»Ich habe meine Zweifel«, erwiderte ich. »Und ich war töricht genug, den vollen Amontillado-Preis zu zahlen, ohne dich erst zu Rate zu ziehen. Du warst nicht zu finden, und ich fürchtete, durch eine Verzögerung den ganzen Handel zu verlieren.«

»Amontillado!«

»Ich habe meine Zweifel.«

»Amontillado!«

»Und ich muß sie zum Schweigen bringen.«

»Amontillado!«

»Da du beschäftigt bist, werde ich Luchesi aufsuchen. Wenn einer ein kritisches Urteil hat, ist er es. Er wird mir sagen –«

»Luchesi kann Amontillado nicht von Sherry unterscheiden!«

»Und doch behaupten so ein paar Narren, daß sein Weinverstand dem deinigen gleichkomme.«

»Komm, laß uns gehen.«

»Wohin?«

»In deine Kellereien.«

»Nein, mein Freund; ich will nicht deine Gutmütigkeit ausnützen. Ich sehe, du bist beschäftigt. Luchesi –«

»Ich bin nicht beschäftigt, komm!«

»Lieber Freund, nein! Es ist ja nicht nur das, daß du etwas anderes vorhattest; du bist ernstlich erkältet. Die Kellergewölbe sind unerträglich feucht. Sie haben eine Salpeterkruste angesetzt.«

»Laß uns trotzdem gehen! Die Erkältung ist nicht der Rede wert. Amontillado! Man hat dich betrogen; und Luchesi – der kann Sherry von Amontillado nicht unterscheiden.«

Mit diesen Worten hing Fortunato sich in meinen Arm. Ich nahm eine schwarze Seidenmaske vors Gesicht, hüllte mich dicht in meinen Mantel und ließ es geschehen, daß mein Freund mich eilends zu meinem Palazzo geleitete.

Die Dienerschaft war nicht zu Hause; der Karneval hatte sie hinausgelockt. Ich hatte den Leuten gesagt, daß ich nicht vor dem nächsten Morgen heimkommen würde, und ihnen streng verboten, sich aus dem Hause zu rühren. Ich wußte, daß dies genügte, damit alle zusammen, sobald ich den Rücken wandte, davonliefen.

Ich nahm zwei Fackeln aus den Ringen an der Wand, gab Fortunato eine davon und komplimentierte ihn durch mehrere Zimmerreihen in den Bogengang, der zu den Gewölben führte. Ich schritt eine lange, gewundene Treppe hinab und bat ihn, mir vorsichtig zu folgen. Endlich kamen wir unten an und standen zusammen in der feuchten Tiefe der Katakomben der Montresors.

Der Gang meines Freundes war unsicher, und die Schellen an seiner Kappe klingelten bei seinen Schritten.

»Das Faß!« sagte er.

»Das ist weiter hinten«, antwortete ich. »Siehst du das weiße Gewebe, das da ringsum von den Kellermauern leuchtet?«

Er wandte sich mir zu und sah mir in die Augen. Seine Blicke waren feucht von Schnupfen und Trunkenheit.

»Salpeter?« fragte er schließlich.

»Salpeter«, erwiderte ich. »Wie lange hast du schon diesen Husten?«

Er hustete, hustete, hustete. Mein armer Freund konnte minutenlang keine Antwort geben.

»Es ist nichts«, erwiderte er dann.

»Komm«, sagte ich sehr bestimmt, »wir wollen umkehren; deine Gesundheit ist kostbar. Du bist reich, geachtet, bewundert, geliebt; du bist glücklich, wie ich einst war. Du würdest eine Lücke hinterlassen. Um mich ist es nicht schade. Wir wollen umkehren! Du wirst krank werden, und ich kann das nicht verantworten. Übrigens kann ja Luchesi –«

»Genug!« sagte er. »Der Husten ist ganz belanglos; er wird mich nicht umbringen. Ich werde nicht an meinem Husten zugrunde gehen.«

»Wahr – wahr«, erwiderte ich. »Wirklich, ich hatte nicht die Absicht, dich unnötig zu beunruhigen – aber du solltest die Vorsicht nicht außer acht lassen. Ein Schluck Medoc wird uns vor der Einwirkung der Dünste schützen.«

Bei diesen Worten zog ich aus einer langen Flaschenreihe, die längs der Mauer auf der Erde lag, eine Flasche hervor und schlug ihr den Hals ab.

»Trink«, sagte ich und bot ihm den Wein. Er setzte ihn an die Lippen. Er hielt inne und nickte mir vertraulich zu; seine Glöckchen klingelten.

»Ich trinke«, sagte er, »auf die Toten, die hier ruhen.«

»Und ich auf dein langes Leben!«

Er nahm von neuem meinen Arm, und wir gingen weiter.

»Diese Gewölbe«, sagte er, »sind weitläufig.«

»Die Montresors«, erwiderte ich, »waren eine große und zahlreiche Familie.«

»Ich vergaß dein Wappenzeichen.«

»Ein riesiger goldener Fuß in blauem Felde; der Fuß zertritt eine sich bäumende Schlange, deren Zähne ihm in der Ferse sitzen.«

»Und das Motto?«

»NEMO ME IMPUNE LACESSIT.«

»Gut!« sagte er.

Der Wein flackerte aus seinen Augen, und die Glöckchen klingelten. Auch mir stieg der Medoc zu Kopfe. Wir waren an einer ganzen Reihe aufgestapelter Skelette und Fässer vorbei bis in den entferntesten Teil der Katakomben gelangt. Ich blieb wieder stehen, und diesmal wagte ich es, Fortunato am Arm zu rütteln.

»Der Salpeter!« sagte ich. »Sieh, wie es immer mehr wird. Er hängt an den Wölbungen wie Moos. Wir sind unter dem Flußbett. Die Nässe tropft durch die Skelette. Komm, wir wollen umkehren, ehe es zu spät ist. Dein Husten –«

»Nicht der Rede wert«, sagte er; »laß uns weitergehen. Vorher aber – noch einen Schluck Medoc.«

Ich schlug einer Flasche de Grave den Hals ab und reichte sie ihm. Er leerte sie mit einem Zug. In seinen Augen flackerte ein wildes Licht. Er lachte und warf die Flasche mit einer seltsamen Bewegung zur Decke – einer Geste, die ich nicht verstand.

Ich sah ihn verwundert an. Er wiederholte die absonderliche Geste.

»Du verstehst nicht?« fragte er.

»Nicht im geringsten«, antwortete ich.

»Du gehörst nicht zur Bruderschaft!«

»Wie?«

»Du bist kein Maurer.«

»Ja, ja«, sagte ich. »Jawohl, ja.«

»Du? Unmöglich! Ein Maurer?«

»Ein Maurer«, antwortete ich.

»Ein Zeichen!« sagte er.

»Hier ist es«, erwiderte ich, aus den Falten meines Überwurfs eine Maurerkelle hervorziehend.

»Du spaßest«, rief er aus und wich von mir zurück. »Aber komm weiter zum Amontillado!«

»Gut also«, sagte ich, nahm die Kelle wieder unter den Mantel und bot ihm den Arm. Er lehnte sich schwer darauf. Wir setzen unseren Weg fort. Wir gingen durch mehrere niedere Bogengänge, gingen hinab, hinauf und wieder hinab und betraten nun eine tiefe Gruft, wo die Luft so modrig war, daß unsere Fackeln nicht mehr flammten, sondern nur noch schwelten.

Am entlegensten Ende der Gruft kam eine andere, kleinere zum Vorschein. An ihren Wänden waren bis zur Decke hinauf Menschenknochen aufgestapelt gewesen, ähnlich wie in den großen Katakomben von Paris. Drei Seiten dieser innersten Gruftkammer waren noch jetzt so geschmückt. Von der vierten waren die Knochen weggeräumt; sie lagen auf dem Boden herum und waren an einer Stelle zu einem Haufen aufgetürmt. Inmitten der so bloßgelegten Mauer bemerkten wir noch eine letzte Höhlung. Sie war etwa vier Fuß tief, drei Fuß breit und sechs bis sieben Fuß hoch. Sie schien nicht zu irgendeinem besonderen Zwecke gemacht worden zu sein, sondern bildete lediglich den Zwischenraum zwischen drei der mächtigen Stützpfeiler, die die Deckenwölbung der Katakomben trugen; ihre Rückwand wurde von einer der massiven Granitmauern gebildet.

Vergeblich hob Fortunato seine trübe Fackel, um in die Tiefe der Höhlung zu spähen. Das schwache Licht gestattete nicht, die Rückwand zu erblicken.

»Geh weiter«, sagte ich. »Hier drin ist der Amontillado. Übrigens könnte Luchesi –«

»Er ist ein Dummkopf«, fiel mir mein Freund ins Wort, während er unsicher vorwärts schritt; ich folgte ihm auf den Fersen. Einen Augenblick später hatte er das Ende der Höhlung erreicht; verdutzt stand er vor der Mauer, die ihm Halt gebot. Und noch einen Augenblick später hatte ich ihn an den Granit gefesselt. In der Mauer befanden sich auf gleicher Höhe und in zwei Fuß Entfernung voneinander zwei Schließhaken; an einem derselben hing eine kurze Kette, am andern ein Vorlegeschloß. Ich warf die Kette um Fortunatos Leib und befestigte sie im Schloß. Das Ganze war nur das Werk weniger Sekunden. Er war zu verblüfft, um Widerstand entgegenzusetzen. Ich zog den Schlüssel ab und trat aus der Nische zurück.

»Streich mit der Hand über die Mauer«, sagte ich. »Du wirst den Salpeter fühlen. Wahrhaftig, es ist *bedenklich* feucht dadrinnen. Noch einmal: laß dich *beschwören*, umzukehren! Nein? Dann muß ich dich wirklich verlassen. Aber zuerst muß ich dir noch alle die kleinen Aufmerksamkeiten erweisen, die in meiner Macht stehen.«

»Der Amontillado!« rief mein Freund, der sich von seinem Erstaunen noch nicht erholt hatte.

»Gewiß«, erwiderte ich; »der Amontillado.«

Bei diesen Worten machte ich mich am Knochenhaufen zu schaffen, von dem ich vorhin gesprochen habe. Ich warf die Knochen beiseite und legte bald eine Anzahl Bausteine und ein

Häufchen Mörtel bloß. Mit diesen Materialien und mit Hilfe der Maurerkelle begann ich, eilig den Eingang der Nische zuzumauern.

Ich hatte kaum die erste Reihe des Mauerwerks errichtet, als ich entdeckte, daß Fortunatos Betrunkenheit sehr nachgelassen hatte. Das erste Anzeichen dafür gab mir ein leiser klagender Schrei, der aus der Tiefe der Höhlung kam. Es war *nicht* der Schrei eines Betrunkenen. Dann folgte ein langes, eigensinniges Schweigen. Ich mauerte eine zweite Reihe – und eine dritte und vierte; und dann hörte ich das wütende Stoßen und Schwingen an der festgespannten Kette. Das Geräusch dauerte mehrere Minuten, während welcher ich, um besser lauschen zu können, meine Arbeit einstellte und mich auf den Knochenhaufen setzte. Als das hastige Klirren endlich aufhörte, ergriff ich von neuem die Kelle und vollendete ohne Unterbrechung die fünfte, die sechste und die siebente Reihe. Der Wall war nun fast in gleicher Höhe mit meiner Brust. Ich hielt von neuem inne, hob die Fakkel über das Mauerwerk und warf damit ein paar schwache Strahlen auf die Gestalt dadrinnen.

Da stieß der Gefesselte plötzlich wilde Schreie aus – viele laute gellende Schreie, die mich zurücktaumeln machten. Einen Augenblick zögerte ich – zitterte ich. Ich zog den Degen und stach damit in das Dunkel der Nische hinein. Doch nach kurzer Überlegung beruhigte ich mich wieder. Ich legte die Hand auf das massige Gemäuer der Katakomben und war befriedigt. Ich trat wieder an meine Mauer. Ich antwortete auf das Geheul des Rufenden. Ich ahmte es nach – verstärkte es – übertönte es. Das tat ich eine Weile, und der Schreier wurde still.

Es war jetzt Mitternacht, und meine Arbeit nahte ihrem Ende. Ich hatte die achte, die neunte und die zehnte Reihe vollendet. Ich hatte einen Teil der elften und letzten Reihe beendet; es blieb nur noch ein einziger Stein einzusetzen und festzumauern. Ich rang mit seinem Gewicht. Ich hob ihn an seinen Platz, konnte ihm jedoch nicht sogleich seine richtige Lage geben. Jetzt kam aus der Nische ein leises Lachen, das mir die Haare auf dem Kopf zu Berge stehen machte. Dann sprach eine traurige Stimme, die ich nur schwer als die Stimme des edlen Fortunato erkennen konnte. Die Stimme sagte:

»Ha ha ha – he he – wahrhaftig ein guter Spaß, wir werden im Palazzo noch oft darüber lachen – he he he – über unsern Wein – he he he!«

»Den Amontillado!« sagte ich.

»He he he – he he – ja, den Amontillado. Aber ist es nicht schon spät? Werden sie uns nicht im Palazzo erwarten? Die Lady Fortunato und die andern? Laß uns gehen.«

»Ja«, sagte ich, »laß uns gehen.«

»Bei der Liebe Gottes, Montresor!«

»Ja«, sagte ich, »bei der Liebe Gottes!«

Aber auf diese Weise erwartete ich vergeblich eine Antwort. Ich wurde ungeduldig, ich rief laut:

»Fortunato!«

Keine Antwort.

Ich rief wieder:

»Fortunato!«

Noch keine Antwort.

Ich nahm seine Fackel, stieß sie durch die Öffnung und ließ sie drinnen zu Boden fallen. Als Antwort kam nur ein Klingen der Schellen. Mein Herz wurde schwer – infolge der Moderluft in den Katakomben. Ich beeilte mich, meine Arbeit zu beenden. Ich zwang den letzten Stein in seine richtige Lage. Ich mauerte ihn ein. Gegen das neue Mauerwerk türmte ich den alten Knochenwall auf. Seit einem halben Jahrhundert hat kein Sterblicher ihn angerührt. In pace requiescat!

Hopp-Frosch

Ich habe niemals jemand gekannt, der so sehr zu Scherz und Spaß aufgelegt war wie der König; es war geradezu sein Lebenselement. Eine lustige Geschichte gut erzählen – das war der sicherste Weg, sich bei ihm in Gunst zu setzen. So kam es, daß seine sieben Minister alle dafür bekannt waren, vollendete Spaßmacher zu sein. Sie glichen auch sonst dem König: sie waren nicht nur unvergleichliche Witzbolde, sondern auch große, korpulente, fette Männer. Ob die Leute vom Scherzen fett werden oder ob die Veranlagung zu Spaß und Scherz bei fetten Leuten besonders stark entwickelt ist, habe ich nie ganz genau feststellen können; Tatsache aber ist, daß ein magerer Spaßmacher ein RARA AVIS IN TERRIS ist.

Aus den Feinheiten oder, wie er sagte, dem »Geist« des Witzes machte der König sich wenig. Er bewunderte hauptsächlich die Breite eines Scherzes, und um ihretwillen ließ er sich auch die Länge gefallen. Überfeinheiten langweilten ihn. Er würde Rabelais' »Gargantua« dem »Zadig« Voltaires vorgezogen haben, und alles in allem gefiel es ihm besser, einen Streich auszuführen, als einen erzählt zu bekommen.

Zu der Zeit, in der meine Geschichte spielt, waren berufsmäßige Spaßmacher bei Hofe noch nicht ganz aus der Mode gekommen. Mehrere »Großmächte« des Kontinents hatten noch ihre »Narren« in Narrenkleid und Schellenkappe, die zum Dank für die Brosamen, die ihnen an des Königs Tische zufielen, stets zu Spott und Witz bereit sein mußten.

Unser König hatte selbstverständlich auch seinen Hofnarren. Tatsache ist, daß er ein wenig Narrheit um sich brauchte – sei es auch nur als Gegengewicht gegen die ungeheure Weisheit der sieben weisen Männer, seiner Minister – von ihm selbst gar nicht zu reden.

Sein Narr oder Spaßmacher von Beruf war jedoch nicht nur ein Narr. Sein Wert wurde in den Augen des Königs dadurch verdreifacht, daß er außerdem ein Zwerg und ein Krüppel war. In jenen alten Tagen waren Zwerge am Hof nicht seltener als Narren, und viele Herrscher hätten es schwer gefunden, die Tage hinzubringen (und bei Hofe sind die Tage länger als sonstwo) ohne einen Spaßmacher, mit dem sie lachen, und einen Zwerg, über den sie lachen konnten. Doch wie ich schon bemerkte, sind in neunundneunzig von hundert Fällen die Witzbolde fett, rund und schwerfällig – so daß unser König sich wirklich gratulieren konnte, in Hopp-Frosch (das war des Narren Name) in einer Person einen dreifachen Schatz zu besitzen.

Ich glaube nicht, daß der Zwerg schon bei der Taufe den Namen Hopp-Frosch zuerteilt erhielt, er verdankte ihn vielmehr dem weisen Rat der sieben Minister und seiner eigenen Unfähigkeit, wie andere Menschen aufrecht einherzugehen. Hopp-Frosch konnte sich nur mittels eines ganz absonderlichen Verfahrens vorwärts bewegen – es war halb ein Sprung, halb ein schlängelndes Vorschleudern des Körpers – eine Gangart, die allen bei Hofe unglaublichen Spaß machte und dem König ein rechter Trost war, denn im Vergleich zu seinem Narren galt er selbst trotz seines gewaltig vorspringenden Leibes und seines mächtigen Wasserkopfes für einen schöngebauten Mann.

Doch obgleich Hopp-Frosch infolge seiner mißgestalteten Beine sich auf ebener Erde nur mühsam und unter Schmerzen vorwärts zu bewegen vermochte, so konnte er da, wo es sich ums Klettern handelte, ganz Außergewöhnliches leisten; denn die Natur hatte ihn für die Unvollkommenheit seiner unteren Gliedmaßen mit einer unerhörten Muskelkraft der Arme ausgestattet. Wenn er so auf Bäumen und an Seilen herumkletterte, glich er weit eher einem Eichhörnchen oder einem kleinen Affen als einem Frosch.

Ich bin nicht imstande, mit Bestimmtheit anzugeben, aus welchem Lande Hopp-Frosch stammte. Jedenfalls war es irgendeine unwirtliche Gegend, von der niemand etwas wußte – und weit entfernt vom Hofe unseres Königs. Hopp-Frosch und ein junges Mädchen von fast ebenso zwerghafter Gestalt wie er selbst (nur daß sie wohlproportioniert und eine wunderbare Tänzerin war) waren aus ihrer Heimat gewaltsam in benachbarte Provinzen verschleppt worden, von wo einer seiner stets siegreichen Generale sie dem König zum Geschenk sandte.

Unter solchen Umständen ist es nicht verwunderlich, daß zwischen den beiden kleinen Gefangenen eine innige Freundschaft erwuchs. Hopp-Frosch, der trotz seiner Kurzweiligkeit keineswegs beliebt war, war nicht in der Lage, Tripetta große Dienste erweisen zu können; sie aber wurde (trotz ihrer Zwergengestalt) dank einer seltenen Anmut und Lieblichkeit allgemein verehrt und verhätschelt; sie hatte also eine große Macht und versäumte nie, sich ihrer, sobald es not tat, zugunsten Hopp-Frosches zu bedienen.

Anläßlich irgendeines großen Staatsereignisses (was es war, habe ich vergessen) hatte der König beschlossen, ein Maskenfest zu geben; und wann immer ein Maskenfest oder dergleichen an unserem Hofe stattfinden sollte, rief man die Talente Hopp-Froschs und Tripettas zu Hilfe. Denn Hopp-Frosch vor allem war so erfinderisch in der Zusammenstellung von Festaufzügen und wußte so prächtige Masken zu ersinnen, daß es war, als sei ohne seinen Beistand nichts zu machen.

Die Festnacht war gekommen. Eine glänzende Halle war unter Tripettas Aufsicht mit allem ausgeschmückt worden, was geeignet schien, einen stimmungsvollen Hintergrund zu einem Maskenfest zu schaffen. Der ganze Hof war in fieberhafter Erwartung. Was die Wahl der Masken und Kostüme anlangte, so darf wohl angenommen werden, daß ein jeder seine Entscheidung getroffen hatte. Viele hatten schon Wochen, ja Monate vorher beschlossen, welche Rolle sie zu spielen gedachten; und wirklich gab es auch keine Unentschlossenheit mehr – ausgenommen beim König und seinen sieben Ministern. Warum gerade sie noch zögerten, wüßte ich nicht zu sagen, es sei denn, weil ihnen dies spaßhaft vorkam. Wahrscheinlicher ist es, daß es ihnen schwer fiel, für ihre fetten Gestalten eine passende Rolle zu finden. Kurzum, die Zeit entfloh, und als letzte Rettung ließen sie Tripetta und Hopp-Frosch rufen.

Als die beiden kleinen Freunde dem Befehl des Königs nachkamen, fanden sie ihn mit den sieben Mitgliedern seines Kabinettsrates beim Weine sitzen. Aber der Herrscher schien übler Laune zu sein. Er wußte, daß Hopp-Frosch den Wein nicht liebte, da das Trinken stets den armen Krüppel bis zum Wahnsinn aufregte, und Wahnsinn ist kein angenehmer Zustand. Aber dem König, der es liebte, jemand einen Schabernack zu spielen, machte es Spaß, Hopp-Frosch zum Trinken zu zwingen und ihn (wie der König es nannte) lustig zu machen.

»Komm her, Hopp-Frosch«, sagte er, als der Spaßmacher und seine kleine Gefährtin ins Zimmer traten. »Leere diesen Becher auf die Gesundheit deiner fernen Freunde (hier seufzte Hopp-Frosch) und dann begnade uns mit deiner Erfindungsgabe. Wir brauchen Rollen – Rollen, Mann, – irgend etwas Neues – noch nicht Dagewesenes! Wir haben das ewige Einerlei satt. Komm, trink! Der Wein wird dich erleuchten.«

Hopp-Frosch versuchte wie immer so auch diesmal des Königs wohlwollende Ansprache mit einem Scherz zu beantworten, aber die Anstrengung war zu groß. Gerade heute nämlich war des armen Zwerges Geburtstag, und der Befehl, seinen »abwesenden Freunden« zuzutrinken, zwang ihm Tränen in die Augen. Große und bittere Tropfen fielen in den Kelch, den er demütig aus der Hand des Tyrannen entgegennahm.

»Ah! Ha! ha! ha!« grölte letzterer, als der Zwerg den Becher widerwillig leerte. »Seht, was so ein Glas guten Weins vermag! Wahrhaftig, deine Augen glänzen schon!«

Armer Kerl! Seine großen Augen glänzten nicht nur, sie glühten; denn auf sein leicht erregbares Hirn hatte der Wein nicht nur eine gewaltige, sondern auch eine augenblickliche Wirkung. Er stellte den Becher mit bebender Hand auf den Tisch und sah sich mit halb irrsinnigen Blicken in der Gesellschaft um. Alle Anwesenden hatten ihre Freude an dem sichtlichen Erfolg des königlichen »Scherzes«.

»Und jetzt an die Arbeit!« sagte der Premierminister, ein sehr fetter Mann.

»Ja«, sagte der König. »Komm, Hopp-Frosch, leihe uns deinen Beistand. Charakterrollen, mein hübscher Junge! Es mangelt uns an Charakteren – uns allen – ha! ha! ha! ha!« Und da diese Äußerung offenbar scherzhaft gemeint war, stimmten seine sieben Minister in sein Lachen mit ein.

Hopp-Frosch lachte auch – aber nicht sehr herzhaft.

»Vorwärts, vorwärts«, sagte der König ungeduldig, »kannst du uns keinen Vorschlag machen?«

»Ich bin bemüht, etwas Neues zu ersinnen«, antwortete der Zwerg zerstreut, denn er war trunken vom Wein.

»Bemüht!« schrie der Tyrann wütend. »Was meinst du damit? Ah, ich sehe, du bist mißgestimmt und brauchst noch mehr Wein. Hier trink!« Und er goß einen zweiten Becher voll und bot ihn dem Krüppel; der rang nach Atem und rührte sich nicht.

»Trink, sage ich!« brüllte der Unhold. »Oder beim Teufel –«

Der Zwerg zögerte. Der König wurde purpurrot vor Zorn. Die Höflinge schmunzelten. Tripetta näherte sich leichenblaß dem König, warf sich vor ihm auf die Knie und beschwor ihn, ihren Freund zu schonen.

Der Tyrann war von ihrer Kühnheit verblüfft. Einen Augenblick sah er sie verwundert an. Er schien in großer Verlegenheit: – was sollte er tun, was sagen, wie seinem Zorn Luft machen? Endlich stieß er sie wortlos zurück und schüttete ihr den ganzen Inhalt seines Bechers ins Gesicht.

Das arme Mädchen erhob sich wankend und nahm – ohne auch nur einen Seufzer zu wagen – ihren Platz am Fuße des Tisches wieder ein.

Eine halbe Minute lang herrschte Totenstille; man hätte ein Blatt zu Boden fallen hören können. Da tönte in das Schweigen ein leiser, doch scharfer und anhaltender knirschender Ton, der zu gleicher Zeit aus allen Ecken des Raumes hervorzuknarren schien.

»Warum – warum – warum, sage ich, machst du dieses Geräusch?« wandte sich der König wütend an den Zwerg. Letzterer schien sich von seiner Betrunkenheit ganz erholt zu haben; er sah dem König scharf, doch ruhig ins Gesicht und sagte nur:

»Ich – ich? Wie könnte ich das getan haben?«

»Der Laut schien von außen hereinzudringen«, bemerkte einer der Höflinge. »Vermutlich war es der Papagei dort am Fenster, der seinen Schnabel an den Gitterstäben des Käfigs wetzte.«

»Möglich«, erwiderte der Herrscher und atmete befreit auf; »doch bei meinem Ritterwort, ich hätte schwören mögen, daß es das Zähneknirschen des Schurken hier war.«

Jetzt lachte der Zwerg (der König war ein zu eingefleischter Spaßmacher, als daß er irgendeinem das Lachen verübelt hätte) und enthüllte zwei Reihen großer, kräftiger, abstoßend wirkender Zähne. Überdies gab er seine völlige Bereitwilligkeit zu erkennen, so viel Wein zu schlucken, als man nur wünsche. Der König war befriedigt. Und nachdem Hopp-Frosch ohne ersichtlich üble Wirkung einen weiteren Becher geleert hatte, begann er sogleich und mit Eifer sich für die geplante Maskerade zu interessieren.

»Ich kann nicht sagen, wie die Ideenverbindung mir kam«, bemerkte er so ruhig, als habe er nie in seinem Leben einen Schluck Wein über die Lippen gebracht, »aber gerade *nachdem* Eure Majestät das Mädchen fortgestoßen und ihr den Wein ins Gesicht geschüttet hatten – *gerade nachdem* Eure Majestät das getan hatten und während der Papagei draußen am Fenster das seltsame Geräusch vollführte, kam mir ein köstlicher Spaß in den Sinn – einer der lustigen Streiche aus meiner Heimat und bei unsern Maskenfesten sehr beliebt – hier aber wird er sicherlich ganz neu sein. Leider jedoch gehören dazu genau acht Personen, und –«

»Hier sind wir ja!« rief der König und lachte über seine rasche Entdeckung der Zahlenübereinstimmung. »Genau acht Mann –

ich und meine sieben Minister. Vorwärts! Erzähle uns deinen Streich!«

»Wir nennen ihn«, erwiderte der Krüppel, »die acht zusammengeketteten Orang-Utans, und gut ausgeführt ist er wirklich von großartiger Wirkung.«

»Wir wollen ihn ausführen«, bemerkte der König und stand mit schweren Augenlidern auf.

»Der Hauptwitz des Spiels liegt in dem Entsetzen, das es bei den Frauen verursacht«, fuhr Hopp-Frosch fort.

»Ausgezeichnet!« grölten der Monarch und seine Minister im Chor.

»Ich werde Sie also als Orang-Utans einkleiden«, sprach der Zwerg weiter. »Überlassen Sie alles mir. Die Ähnlichkeit wird so verblüffend sein, daß die ganze Maskengesellschaft Sie für wirkliche Tiere halten wird – und natürlich wird man ebenso entsetzt wie erstaunt sein.«

»O, das ist herrlich!« rief der König. »Hopp-Frosch! Aus dir will ich noch einen Mann machen!«

»Die Ketten dienen dazu, durch ihr Klirren die Verwirrung zu erhöhen. Es muß so scheinen, als seien Sie Ihren Wächtern ›En Masse‹ entronnen. Eure Majestät können sich gar nicht vorstellen, wie wirkungsvoll bei solch einer Maskerade acht zusammengekettete Orang-Utans sein müssen, da die meisten aus der Gesellschaft Sie für wirkliche Bestien halten werden, wenn Sie mit wildem Geschrei mitten zwischen all die prächtig und lieblich gekleideten Männer und Frauen hineinrasen. Der Kontrast wird unbeschreiblich sein.«

»Wir machen es unbedingt«, sagte der König. Und der versammelte Rat löste sich auf, denn es war schon spät, und man mußte sich beeilen, den Plan Hopp-Froschs zur Ausführung zu bringen.

Sein Verfahren, den König und seine Vertrauten in Orang-Utans zu verkleiden, war einfach, aber für seine Zwecke wirkungsvoll genug. Die zur Darstellung zu bringenden Tiere waren zu der Zeit, in der meine Geschichte spielt, in der zivilisierten

Welt noch kaum gesehen worden. Und da die von dem Zwerg vorgenommene Verkleidung wahrhaft scheußlich und bestienhaft war, so war der Erfolg der Täuschung gesichert. Der König und seine Minister wurden zunächst in enganliegende, braune wollene Hemden und Unterhosen gesteckt. Dann wurden diese mit Teer getränkt. Jetzt schlug einer Federn vor; aber der Zwerg verwarf diesen Vorschlag und überzeugte die acht, daß das Fell eines Orang-Utans weit naturgetreuer durch Flachs dargestellt werden könne. Eine dicke Schicht von letzterem wurde nun auf die Teerschicht festgedrückt. Dann brachte man eine lange Kette herbei. Sie wurde zuerst dem König um den Leib gelegt und *festgeknotet;* mit den sieben andern Teilnehmern wurde genau ebenso verfahren. Als alle derart angekettet und so weit als möglich voneinander entfernt aufgestellt waren, bildeten sie einen Kreis; und um das Ganze recht naturgetreu erscheinen zu lassen, zog der Zwerg den Rest der Kette zweimal diametral durch den Kreis. Dies war ganz die Art, in der noch heutzutage auf Borneo große Affen zusammengekoppelt werden.

Der große Saal, in dem das Maskenfest stattfinden sollte, war ein kreisrunder, sehr hoher Raum, der sein Licht durch ein einziges, im Mittelpunkt der Deckenwölbung angebrachtes Fenster erhielt. Bei Nacht – und besonders für Nachtfeste war der Saal bestimmt – empfing er sein Licht hauptsächlich von einem großen Kronleuchter, der an einer Kette von der Mitte des Kuppelfensters herniederhing und wie üblich mittels eines Gegengewichtes herabgelassen und wieder hinaufgezogen werden konnte; doch hatte man letzteres aus Schönheitsgründen außerhalb der Kuppel über das Dach hinweggeführt.

Die Ausschmückung des Festgemachs wurde Tripettas Oberaufsicht überlassen; in einigen Dingen jedoch hatte sie sich der überlegenen Umsicht ihres Freundes, des Zwerges, gefügt. Seinem Rate folgend, hatte man für diese Gelegenheit den Kronleuchter entfernt. Die Wachstropfen, die nicht zu vermeiden gewesen wären, würden der kostbaren Gewandung der Gäste sehr nachteilig gewesen sein, anderseits aber konnten in einem überfüllten Raume nicht alle Leute der Mitte – also dem Platz unter dem Kronleuchter – ausweichen. Zahlreiche Kandelaber wurden aber ringsum an den Wänden der Halle aufgestellt; und jeder der fünfzig bis sechzig Karyatiden war eine Wohlgeruch spendende Fackel in die rechte Hand gegeben worden.

Die acht Orang-Utans warteten auf Hopp-Froschs Rat mit ihrem Erscheinen geduldig bis Mitternacht, bis der Saal von Masken gedrängt voll sein würde. Kaum jedoch war der letzte Schlag der Mitternachtsstunde verhallt, als sie hineinstürmten, vielmehr rollten – denn die hindernden Ketten rissen die meisten von ihnen zu Boden, und wer nicht fiel, stolperte.

Das Entsetzen der Maskengesellschaft war ungeheuer und füllte das Herz des Königs mit Entzücken. Wie man vorausgesehen hatte, gab es unter den Gästen nicht wenige, die diese grimmig aussehenden Wesen, wenn auch nicht gerade für Orang-Utans, so doch für wilde Bestien hielten. Viele der Frauen wurden ohnmächtig vor Schreck, und hätte der König nicht die Vorsichtsmaßregel getroffen, das Waffentragen für diesen Abend zu verbieten, so hätten er und seine Gefährten den Schabernack wohl mit ihrem Blute büßen müssen. So aber trachteten alle, die Türen zu gewinnen; der König hatte jedoch Befehl gegeben, dieselben gleich nach dem Eintritt der Affenbande abzuschließen, und einer Anregung des Zwerges gemäß hatte man diesem selbst die Schlüssel ausgeliefert.

Als der Tumult aufs höchste gestiegen und jeder Gast nur auf seine eigene Rettung bedacht war – denn das Gedränge war inzwischen lebensgefährlich geworden – hätte man sehen können, wie die Kette, die sonst den Kronleuchter trug und nach dessen Entfernung hinaufgezogen worden war, sich allmählich herabsenkte, bis ihr Endhaken nur noch drei Fuß überm Erdboden hing.

Bald darauf geschah es, daß der König und seine sieben Freunde, nachdem sie den Saal nach allen Richtungen durchtaumelt hatten, sich schließlich in dessen Mittelpunkt und selbstredend auch in naher Berührung mit der Kette befanden. Als sie so standen, ergriff der Zwerg, der ihnen stets gefolgt war und sie zu immer wilderem Gebaren angefeuert hatte, die Kette, an die sie gefesselt waren, genau an der Stelle, wo die beiden Diametrallinien zusammentrafen. Blitzschnell hängte er hier in das Mittelglied den Kronleuchterhaken ein; und augenblicklich wurde durch eine unsichtbare Kraft die Kronleuchterkette so hoch hinaufgezogen, daß der Haken nicht mehr erreichbar war. Diese Aufwärtsbewegung riß die Orang-Utans ganz nahe zusammen; sie standen Gesicht an Gesicht gedrängt.

Inzwischen hatten die Maskengäste sich von ihrer Verblüffung erholt; sie begannen das Ganze als einen wohlvorbereiteten Scherz anzusehen und brachen über die sonderbare Situation der Affen in lautes Gelächter aus.

»Überlaßt sie mir!« kreischte jetzt Hopp-Frosch auf, mit seiner schrillen Stimme all den Lärm übertönend. »Überlaßt sie mir! Ich glaube, ich kenne sie. Wenn ich sie mir nur einmal recht anschauen könnte, ich würde euch gleich sagen, wer sie sind!«

Und über die Köpfe der Menge hinwegkriechend, gelangte er zur Saalwand, nahm einer der Karyatiden die Fackel aus der Hand, kehrte auf demselben Wege wie vorher in die Mitte zurück und sprang mit Affengeschwindigkeit dem König auf den Kopf und von da an der Kette hinauf. Ein paar Fuß über den Orang-Utans senkte er seine Fackel, leuchtete ihnen ins Antlitz und schrie von neuem: »Ich werde bald heraushaben, wer sie sind!«

Und jetzt, während alle Anwesenden – die Affen mit einbegriffen – sich vor Lachen schüttelten, ließ der Spaßmacher einen schrillen Pfiff ertönen; die Kette flog etwa dreißig Fuß empor und zog die bestürzten und um sich schlagenden Orang-Utans mit sich; da hingen sie nun zappelnd genau in halber Höhe des Saales. Hopp-Frosch, der sich an die Kette festgeklammert hatte, verharrte noch in derselben Stellung wie vorher; noch immer – so als sei nichts geschehen – senkte er seine Fackel zu ihnen hinunter, als bemühe er sich, festzustellen, wer sie seien.

So völlig verblüfft war man von diesem plötzlichen Aufstieg, daß wohl eine Minute lang Todesstille herrschte. Da ertönte wieder das leise, scharfe, knirschende Geräusch, das zuvor dem König, als er Tripetta den Wein ins Gesicht schüttete, so seltsam aufgefallen war. Jetzt aber konnte kein Zweifel darüber sein, wo der Laut herkam. Er kam von den Raubtierzähnen des Zwerges: es war ein Knirschen aus seinem schäumenden Mund; sein Blick flammte mit dem Ausdruck wahnsinniger Wut in die aufwärts gewendeten Gesichter des Königs und seiner sieben Gefährten.

»Aha!« sagte der Spaßmacher. »Aha! Ich fange an zu begreifen, wer diese Leute sind!« Und wie um den König heller zu beleuchten, näherte er die Fackel dem Pelz, in dem jener steckte, so daß der Flachs augenblicklich in heller Garbe aufflammte. In weniger als einer halben Minute brannten die acht Orang-Utans lichterloh; und drunten kreischte die entsetzte Menge und starrte wie gebannt zu den flammenden Körpern empor, denen sie keine Hilfe bringen konnte.

Endlich wurden die aufwärts leckenden Flammen so stark, daß der Narr, um ihnen auszuweichen, höher hinaufklettern mußte, und diese Bewegung machte die Menge einen Augenblick lang stumm. Der Zwerg ergriff die Gelegenheit und sprach noch einmal.

»Jetzt sehe ich *deutlich*«, sagte er, »welcher Art Leute diese Maskierten sind. Es ist ein großer König mit seinen sieben Ministern – ein König, der sich kein Gewissen daraus macht, ein wehrloses Mädchen zu schlagen, und seine sieben Berater, die seiner schmachvollen Tat Vorschub leisten. Was mich anbetrifft, so bin ich nur Hopp-Frosch, der Spaßmacher, und *das ist mein letzter Spaß.*«

Infolge der hohen Brennbarkeit sowohl des Flachses wie des Teers war das Rachewerk schon vollbracht, als der Zwerg seine kurze Rede kaum beendet hatte. Die acht Leichname schaukelten in ihren Ketten – eine stinkende, geschwärzte, ekelhafte, unkenntliche Masse. Der Krüppel schleuderte seine Fackel auf sie herab, kletterte behende bis zur Decke empor und verschwand durch das Kuppelfenster.

Es ist anzunehmen, daß Tripetta, auf dem Dach des Kuppelsaales stehend, ihrem Freund bei seinem schauerlichen Racheakt Beihilfe leistete und daß sie zusammen ihre Flucht in ihr Heimatland bewerkstelligten; denn beide wurden nie mehr gesehen.

Der Goldkäfer

Holla, holla! der Bursche tanzt wie toll!
Es hat ihn die Tarantula gebissen.

All in the Wrong

Vor vielen Jahren stand ich in nahen Beziehungen zu einem Herrn William Legrand. Er entstammte einer alten Hugenotten-familie und war einst wohlhabend gewesen; durch allerlei Un-glücksfälle aber war sein Vermögen zusammengeschmolzen, so daß er nur noch das Nötigste hatte. Um Demütigungen auszu-weichen, verließ er Neu-Orleans, die Heimat seiner Väter, und ließ sich auf Sullivans Insel nahe bei Charleston in Südkarolina nieder.

Diese Insel ist recht merkwürdig. Sie besteht fast ganz aus See-sand und ist etwa drei Meilen lang. Ihre Breite beträgt nirgends mehr als eine Viertelmeile. Vom Festlande ist sie durch einen schmalen Meeresarm getrennt, der sich durch eine Wildnis von Schilf und Schlamm mühsam seinen Weg sucht und ein Lieb-lingsaufenthalt des Marschhuhns ist. Die Vegetation ist, wie sich denken läßt, spärlich und zwerghaft. Größere Bäume gibt es nicht; doch findet sich am Westende, da, wo Fort Moultrie steht, die stachlige Zwergpalme. Auch einige Holzhäuser stehen hier, Sommerwohnungen von Charlestoner Bürgern, die dem Staub und dem Fieber zu entfliehen trachten. Der ganze übrige Teil der Insel, mit Ausnahme des harten weißen Strandes, ist dicht be-wuchert von der wohlriechenden Myrte, die bei englischen Gärtnern sehr gesucht ist. Der einzelne Strauch erreicht hier oft eine Höhe von fünfzehn bis zwanzig Fuß und bildet ein un-durchdringliches Buschwerk, das die Luft in weitem Umkreis mit Wohlgerüchen tränkt.

Mitten in diesem Myrtendickicht, nicht weit von der ein-samen Ostküste der Insel, hatte Legrand sich eine kleine Hütte gezimmert, die er damals bewohnte, als ich ihn rein zufällig kennen lernte. Wir wurden bald zu Freunden, denn der Einsiedler gewann mir Achtung und Interesse ab. Ich fand in ihm einen gebildeten Mann von hervorragenden Geistesgaben, nur war er sehr menschenscheu und abwechselnd krankhaften Anfällen von Begeisterung und von Schwermut unterworfen. Er hatte viele Bücher bei sich, von denen er aber selten Gebrauch machte. Sein Hauptvergnügen war Fischen und Jagen; doch schlenderte er auch gern am Strand entlang, um Muscheln zu suchen, oder durchforschte das Myrtendickicht nach seltenen Insekten. Von letzteren besaß er eine Sammlung, um die selbst ein Swammerdam ihn beneidet hätte. Bei seinen Wanderungen begleitete ihn in der Regel ein alter Neger namens Jupiter, der von der Familie seines Herrn, als diese noch wohlhabend gewesen, die Freiheit erhalten hatte, aber weder durch Drohungen noch Versprechungen zu bestimmen gewesen war, die Fürsorge für seinen jungen »Massa Will« aufzugeben. Es ist nicht unwahrscheinlich, daß die Verwandten Legrands dem Neger diese Halsstarrigkeit eingegeben hatten, weil es ihnen gut schien, den exzentrisch veranlagten jungen Mann behütet und überwacht zu sehen.

Sullivans Insel liegt auf einem Breitengrad, auf dem ein strenger Winter selten ist und man nur ausnahmsweise einmal eines wärmenden Feuers bedarf. Mitte Oktober 18.. aber hatten wir einen sehr frostigen Tag. Gegen Sonnenuntergang bahnte ich mir meinen Weg durchs immergrüne Buschwerk zur Hütte meines Freundes, den ich seit Wochen nicht besucht hatte. Ich wohnte damals in Charleston, das neun Meilen von der Insel entfernt liegt, und die Reiseverbindungen waren jenerzeit nicht so bequem wie heutzutage. Als ich die Hütte erreicht hatte, klopfte ich wie gewöhnlich an, und als ich keine Antwort bekam, nahm ich den Schlüssel aus dem mir bekannten Versteck, schloß auf und trat ein. Im Kamin brannte ein kräftiges Feuer – eine mir keineswegs unwillkommene Überraschung. Ich warf den Überzieher ab, rückte mir einen Lehnstuhl an die knisternden Scheite und erwartete geduldig die Heimkehr meiner Wirte. Sie kamen bald nach Dunkelwerden und begrüßten mich herzlich. Jupiter grinste von einem Ohr bis zum andern, während er sich anschickte, uns ein paar Marschhühner zum Abendessen zu bereiten. Legrand hatte einen seiner Begeisterungsanfälle – ich kann es nicht anders nennen. Er hatte eine unbekannte zweischalige Molluske gefunden, die eine neue Gattung bildete, und mehr noch: er hatte mit Jupiters Hilfe einen Käfer eingefangen, den er für etwas ganz Neues hielt, worüber er aber noch am andern Morgen meine Meinung hören wollte.

»Und warum nicht schon heute?« fragte ich und wärmte meine Hände über der Flamme; in meinem Innern wünschte ich alle Käfer der Welt zum Teufel.

»Ja, wenn ich doch nur gewußt hätte, daß Sie kommen!« sagte Legrand. »Aber es ist so lange her, seit ich Sie sah, und wer hätte ahnen können, daß Sie gerade heute abend mich besuchen würden? Auf dem Heimweg begegnete mir Leutnant G. von der Festung, törichterweise lieh ich ihm den Käfer; so werden Sie denselben vor morgen früh nicht sehen können. Übernachten Sie hier! Bei Sonnenaufgang lasse ich den Käfer dann durch Jup holen. Sie können sich gar nichts Schöneres denken!«

»Als was – den Sonnenaufgang?«

»Unsinn! Nein – den Käfer. Er ist von leuchtender Goldfarbe – etwa so groß wie eine Walnuß – mit zwei jettschwarzen Punkten an einem Ende des Rückens und einem einzigen größeren am andern Ende. Die Fühlhörner sind –«

»Kein bißchen Horn an ihm, Massa Will, sag's Ihnen nochmal«, fiel hier Jupiter ein; »Tier ist ein Goldkäfer, schwer Gold, jedes bißchen ganz Gold, außen und innen, Flügel und alles – nie im Leben ich habe so schweren Käfer in Hand gehalten.«

»Nun, nehmen wir an, du habest recht, Jup«, erwiderte Legrand ernsthafter, als es mir nötig schien, »ist das aber ein Grund, daß du die Hühner anbrennen läßt? Die Farbe« – hier wandte er sich zu mir – »vermag allerdings Jupiters Ansicht zu bestätigen. Noch nie haben Sie etwas Strahlenderes gesehen als die Flügel dieses Tieres – doch darüber können Sie erst morgen urteilen. Einstweilen will ich Ihnen einen Begriff von seiner

Gestalt geben.« Mit diesen Worten setzte er sich an einen kleinen Tisch, auf dem sich Tinte und Feder befanden; Papier fehlte. Er suchte in einer Schublade danach, konnte aber keins finden.

»Tut nichts«, sagte er schließlich, »dies hier tut es auch.« Und er zog aus der Westentasche einen Fetzen, den ich für sehr schmutziges Propatriapapier hielt, und entwarf darauf eine flüchtige Federzeichnung.

Währenddessen nahm ich meinen Platz beim Feuer wieder ein, denn mir war noch immer kalt. Als er die Zeichnung fertig hatte, reichte er sie mir, ohne aufzustehen. Kaum hatte ich sie in der Hand, als draußen ein lautes Knurren ertönte, dem ein Kratzen an der Tür folgte; Jupiter öffnete, und ein großer Neufundländer, der Legrand gehörte, stürmte herein, legte die Pfoten auf meine Schultern und überhäufte mich mit Liebkosungen, denn ich hatte ihn bei meinen Besuchen stets gut behandelt. Als er sich beruhigte, blickte ich auf das Papier und war, die Wahrheit zu sagen, nicht wenig verwirrt über das, was mein Freund da hingemalt hatte.

Nachdem ich es minutenlang betrachtet hatte, sagte ich: »Der Käfer ist in der Tat seltsam, das muß ich zugeben; er ist mir gänzlich neu – habe nie dergleichen gesehen – es sei denn ein Schädel, ein Totenkopf, denn damit allein hat er Ähnlichkeit.«

»Ein Totenkopf!« wiederholte Legrand. »Nun ja, mag sein, daß er auf dem Papier etwas davon hat. Die zwei oberen schwarzen Punkte sehen wie Augen aus, wie? Und der längere unten wie ein Mund – und die Form des Ganzen ist oval.«

»Vielleicht liegt es daran«, sagte ich. »Doch, Legrand, ich fürchte, Sie sind kein Zeichenkünstler. Ich muß warten, bis ich den Käfer selber gesehen habe, ehe ich mir eine Vorstellung von ihm machen kann.«

»Sonderbar«, sagte er, ein wenig verletzt, »ich zeichne ganz gut – habe jedenfalls vortreffliche Lehrer gehabt und darf mir wohl auch schmeicheln, nicht gerade ein Dummkopf zu sein.«

»Ja, mein lieber Freund, dann haben Sie wohl einen Scherz beabsichtigt?« sagte ich. »Dies hier ist ein ganz gut gezeichneter

Schädel, ja, ich kann wohl sagen, ein meisterhaft gezeichneter Schädel – und Ihr Skarabäus muß der merkwürdigste Käfer von der Welt sein, wenn er ihm gleicht; er könnte geradezu unheimliche Vorahnungen erwecken. Ich nehme an, Sie werden den Käfer Scarabaeus caput haninis oder so ähnlich benennen; es gibt eine ganze Reihe derartiger Namen in der Naturgeschichte. Doch wo sind die Fühlhörner, von denen Sie sprachen?«

»Die Fühlhörner!« sagte Legrand in übertrieben gereiztem Ton; »Sie müssen sie doch sehen, die Fühlhörner, Ich habe sie in natürlicher Größe wiedergegeben, und ich meine, das genügt für ihre Erkennbarkeit.«

»Nun, nun«, erwiderte ich, »mag sein; ich sehe sie aber nicht.« Und ich gab ihm ohne weitere Worte das Papier zurück, um ihn nicht noch mehr zu reizen. Ich war aber über die Wendung der Dinge sehr überrascht. Seine schlechte Laune beunruhigte mich; was konnte ich dafür, daß die Fühlhörner nicht zu sehen waren und daß das Ganze eine verblüffende Ähnlichkeit mit der üblichen Zeichnung eines Totenschädels hatte?

Verdrießlich nahm er das Papier entgegen und hatte offenbar die Absicht, es zu zerknittern und ins Feuer zu werfen, als ein zufälliger Blick auf die Zeichnung ihn plötzlich davon abhielt. Sein Gesicht wurde glühend rot und gleich darauf unheimlich bleich. Minutenlang starrte er unbeweglich auf das Blatt in seinen Händen. Endlich stand er auf, nahm eine brennende Kerze vom Tisch und setzte sich in der hintersten Ecke des Zimmers auf einen Schiffskoffer. Dort prüfte er das Blatt von neuem mit ängstlicher Aufmerksamkeit, indem er es nach allen Seiten drehte und wendete. Er sagte aber nichts, und sein Benehmen verwunderte mich sehr; ich hielt es jedoch für ratsam, seine üble Laune nicht durch irgendeine Bemerkung zu verschlimmern. Er nahm jetzt ein Notizbuch aus seiner Rocktasche, legte das Papier sorgsam hinein und verschloß beides in einem Schreibpult. Sein Benehmen wurde nun ruhiger, aber seine vorherige Begeisterung war ganz verschwunden; doch schien er weniger mürrisch als nachdenklich. Je mehr es Nacht wurde, desto mehr versank er in Träumerei, aus der kein Scherzwort ihn erwecken konnte. Es war meine Absicht gewesen, die Nacht hier in der Hütte zu verbringen, wie ich es früher gelegentlich getan hatte; bei der trüben Stimmung meines Gastgebers schien es mir aber ratsamer, mich zu empfehlen. Er drängte mich nicht zum Bleiben; doch als ich ging, schüttelte er mir die Hand noch herzlicher als sonst. –

Es war etwa einen Monat später, und in der Zwischenzeit hatte ich von Legrand nichts gesehen, als ich in Charleston den Besuch seines Dieners Jupiter erhielt. Der gute alte Neger war in auffallend gedrückter Stimmung, und ich fürchtete, daß meinem Freund irgendein Unglück zugestoßen sei.

»Nun, Jup«, sagte ich, »was gibt's? Wie geht es deinem Herrn?«

»Ja, ehrlich, Massa, ihm nicht so wohlgehn, als sollte sein.«

»Nicht wohl? Das betrübt mich sehr. Worüber klagt er?«

»Da! Das ist's! Ihm klagt nie über nichts – aber ihm sehr krank sein über alles das.«

»*Sehr* krank? – Warum hast du das nicht gleich gesagt! Muß er zu Bett liegen?«

»Nein, nicht das. Nicht finden ich, was sein. Das sein gerade das Schlimme. Mein Herz sein sehr schwer geworden über armen Massa Will.«

»Ich wollte, ich könnte dich verstehen, Jupiter. Du sagst, dein Herr ist krank. Hat er dir nicht gesagt, was ihm fehlt?«

»Ach, Massa, nicht wert die Sache, daß ihm darüber Kopf verlieren. Massa Will sagen, ihm gar nichts fehlen – aber warum dann so herumgehen mit Kopf nach unten und dann halt stehen – und so weiß wie Gans? Und dann Wort halten ganze Zeit ...«

»Was halten, Jupiter?«

»Wort halten mit Figuren auf Tafel – ganz sehr komische Figuren – nie gesehen haben ich. Ich dir sagen, Massa, ihm sein viel gefährlich. Ich müssen immer viel acht haben über ihm. Einmal Massa mir fort – früh mit Sonne – und fort sein ganzes Tag. Ich mir geschnitten haben großes Stock und wollen schlagen, wann ihm zurückkommen. Aber ich solches Narr – nachher nicht haben gekonnt – ihm so elend aussehen.«

»Wie? – Was? – Nun ja, ich meine, du solltest nicht gar zu streng gegen den armen Jungen sein – nicht schlagen, Jupiter – er kann es nicht gut vertragen. Aber hast du gar keine Ahnung, was die Ursache ist für diese Krankheit – oder vielmehr für dieses veränderte Benehmen? Ist irgend etwas Unangenehmes geschehen, seit ich euch zuletzt sah?«

»Nein, Massa, da sein gewesen nichts Schlimmes *seitdem* – es waren *vorher*, ich fürchten – es waren an das Tag, wo du bei uns waren.«

»Wie? Was willst du damit sagen?«

»Nun Massa, ich meinen das Käfer. Da, nun wissen du!«

»Das – was?«

»Das Käfer – ich wissen ganz gewiß, Massa gebissen sein wo am Kopf von das Goldkäfer.«

»Und was für einen Grund hast du für deine Annahme, Jupiter?«

»Klauen genug, Massa, und Maul auch. Ich nie haben gesehen so ein verdammtes Käfer – es stoßen und beißen alles, was ihm nahe kommen. Massa Will es packen – aber schnell wieder loslassen – das waren die Zeit, wo es ihm gebissen. Ich selbst nicht haben wollen gucken auf Maul von das Käfer oder sonst – und nicht haben wollen fassen mit meines Finger – aber es packen mit Papier, das da sein gelegen. Ich das Käfer wickeln in Papier und stopfen ihm dann Stückchen in Maul. So wir haben gemacht.«

»Und du meinst also, daß dein Herr wirklich von dem Käfer gebissen worden sei und daß der Biß ihn krank gemacht habe?«

»Ich nicht meinen – ich wissen. Warum über Gold so viel träumen, wann ihm nicht gebissen von das Goldkäfer? Ich schon viel gehört über das von Goldkäfer.«

»Doch woher weißt du, daß er von Gold träumt?«

»Woher ich wissen? Ja, weil ihm sprechen davon im Schlaf – daher ich wissen.«

»Nun, Jup, vielleicht hast du recht; doch welch glücklichem Umstand muß ich die Ehre deines heutigen Besuches zuschreiben?«

»Was sagen Massa?«

»Bringst du mir irgendwelche Botschaft von Herrn Legrand?«

»Nein, Massa, ich bringen das hier.« Und hier überreichte Jupiter mir ein Briefchen, das so lautete:

»Mein lieber
Warum habe ich Sie so lange nicht gesehen? Ich hoffe doch, daß Sie nicht etwa über irgendeine kleine Schroffheit von mir beleidigt sind. Doch nein, das ist unwahrscheinlich.

Seit ich Sie zuletzt sah, habe ich viel Grund zur Besorgnis. Ich habe Ihnen etwas zu sagen, weiß jedoch kaum, wie ich es sagen soll, noch ob ich es überhaupt sagen soll.

Ich bin seit einigen Tagen nicht ganz wohl, und der gute alte Jup quält mich fast unerträglich mit seiner wohlgemeinten Überwachung. Ist es zu glauben: er hatte neulich einen großen Stock geschnitten, um mich durchzuprügeln, weil ich ihm ausgerissen war und den Tag solo in den Bergen auf dem Festland verbrachte. Ich glaube tatsächlich, daß nur mein schlechtes Aussehen mir die Prügel ersparte.

Ich habe seit unserem letzten Beisammensein nichts Neues für meine Sammlung gefunden.

Wenn Sie können, kommen Sie mit Jupiter herüber – machen Sie es irgendwie möglich. Sie müssen kommen! Ich möchte Sie noch heute abend in wichtiger Angelegenheit sprechen. Ich versichere Ihnen, daß sie von größter Wichtigkeit ist.

Stets der Ihre. William Legrand«

Im Ton dieses Briefes lag etwas, das mir große Unruhe machte. Sein ganzer Stil wich stark von Legrands sonstiger Schreibweise ab. Was war es nur, wovon er träumte? Von welch neuer Grille war wohl sein leicht erregbares Hirn erfaßt? Welche Angelegenheit »von größter Wichtigkeit« konnte er zu erledigen haben?

Jupiters Bericht über ihn prophezeite mir nichts Gutes. Ich befürchtete, die andauernd unglücklichen Verhältnisse meines Freundes hätten diesen schließlich um den Verstand gebracht. Ich bereitete mich also ohne Zögern vor, den Neger zu begleiten.

Als wir den Strand erreichten, sah ich unten im Boot, das uns zur Insel hinüberführen sollte, eine Sichel und zwei Spaten liegen, alle drei Gegenstände anscheinend ganz neu.

»Was sollen die Sachen, Jup?« fragte ich.

»Es sein Sichel und Spaten, Massa.«

»Sehr richtig; aber was sollen sie da?«

»Sein das Sichel und Spaten, was ich kaufen mussen für Massa – ich haben verteufelt viel Geld dafür geben.«

»Aber im Namen von allem, was geheimnisvoll ist, was will denn dein Massa Will mit Sichel und Spaten?«

»Das sein mehr, als ich wissen – und der Teufel holen mich, wenn es nicht auch mehr sein, als Massa selbst wissen. Aber es sein alles von das Käfer kommen.«

Da ich sah, daß von Jupiter, dessen ganzer Verstand von »das Käfer« eingenommen zu sein schien, keine befriedigende Antwort zu erlangen war, stieg ich in das Boot und hißte das Segel. Ein guter starker Wind brachte uns bald in die kleine Bucht nördlich von Fort Moultrie, und nach einem Marsch von etwa zwei Meilen kamen wir bei der Hütte an. Es war gegen drei Uhr nachmittags. Legrand hatte uns mit Spannung erwartet. Er griff meine Hand mit so heftigem Druck, daß es mich beunruhigte und in meinem vorgefaßten Verdacht bestärkte. Sein Gesicht war geisterhaft bleich, und seine tiefliegenden Augen leuchteten in unnatürlichem Glanz. Nach einigen Erkundigungen über sein Befinden fragte ich, da ich nichts Besseres zu sagen wußte, ob er den Skarabäus inzwischen von Leutnant G. zurückerhalten habe.

»O ja!« erwiderte er heftig errötend, »ich bekam ihn am nächsten Morgen. Nichts könnte mich je veranlassen, mich von diesem Käfer zu trennen. Wissen Sie, daß Jupiter mit dem Käfer ganz recht hatte?«

»Inwiefern?« fragte ich mit einer traurigen Ahnung im Herzen.

»In seiner Meinung, daß der Käfer wirklich ganz von Gold sei.« Er sagte dies mit tiefernster Miene, und ich fühlte mich unsagbar erschüttert.

»Dieser Käfer soll mein Glück machen!« fuhr er mit triumphierendem Lächeln fort. »Er soll mich in mein Erbgut wieder einsetzen. Ist es da ein Wunder, wenn ich ihn preise? Da Fortuna für gut befunden hat, ihn mir zu schenken, brauche ich ihn nur richtig anzuwenden, um zu dem Gold zu kommen, zu dem er der Wegweiser ist. Jupiter, bring mir den Skarabäus!«

»Was? Das Käfer, Massa? – Ich mögen lieber nicht ihn anrühren. Massa müssen selbst holen.«

Hierauf erhob sich Legrand mit ernster, würdiger Miene und brachte mir das Tier aus seinem Glasbehälter. Es war ein prächtiger Skarabäus und damals den Naturforschern noch unbekannt – also natürlich in wissenschaftlicher Hinsicht von großem Werte. Er hatte zwei runde schwarze Flecken am oberen und einen länglichen am unteren Ende des Rückens. Die Flügel waren außerordentlich hart und glänzend und erschienen durchaus wie poliertes Gold. Das Gewicht des Insekts war sehr bedeutend, und wenn ich alles in Betracht zog, so konnte ich Jupiters Ansicht kaum verurteilen; was ich aber von Legrands Zustimmung dazu denken sollte, konnte ich beileibe nicht sagen.

»Ich schickte nach Ihnen,« sagte er in bedeutungsvollem Ton, nachdem ich die Untersuchung des Käfers beendet hatte, »ich schickte nach Ihnen, damit ich Ihren Rat und Beistand erhielte bei Verfolgung des vom Schicksal und vom Käfer angedeuteten Glückweges.«

»Mein lieber Legrand«, rief ich, ihn unterbrechend, »Sie sind sicherlich leidend und sollten lieber irgendein Mittel dagegen anwenden. Gehen Sie doch ins Bett, und ich will ein paar Tage bei Ihnen bleiben, bis Sie es überwunden haben. Sie fiebern, und –«

»Fühlen Sie meinen Puls!« sagte er.

Ich fühlte ihn und fand, um die Wahrheit zu sagen, auch nicht das leiseste Anzeichen von Fieber.

»Aber Sie könnten krank sein, auch ohne Fieber zu haben. Erlauben Sie mir dies eine Mal, Ihnen Vorschriften zu machen. Vor allem gehen Sie zu Bett; ferner-«

»Sie irren sich«, fiel er ein; »ich fühle mich so wohl, als ich es bei der Aufregung, unter der ich leide, nur irgend sein kann. Wenn Sie mich wirklich gesund wünschen, so werden Sie diese Aufregung von mir nehmen.«

»Und wie kann dies geschehen?«

»Sehr einfach. Jupiter und ich unternehmen eine Wanderung in die Hügel auf dem Festland und brauchen bei dieser Fahrt die Hilfe irgendeines Menschen, in den wir Vertrauen setzen dürfen. Da sind Sie der einzige. Ob wir nun Erfolg haben oder nicht – die Aufregung, in der Sie mich sehen, wird geschwunden sein.«

»Es liegt mir daran, Ihnen gefällig zu sein«, erwiderte ich; »doch wollen Sie damit sagen, daß dieser höllische Käfer zu Ihrem Ausflug in die Berge in irgendwelcher Beziehung steht?«

»Allerdings.«

»Dann, Legrand, muß ich Ihnen sagen, daß ich bei einem so unsinnigen Vorhaben keine Rolle übernehmen kann.«

»Tut mir leid – sehr leid – denn dann müssen wir es allein versuchen.«

Allein versuchen! Der Mann ist verrückt, dachte ich. – »Doch halt! Wie lange gedenken Sie fortzubleiben?«

»Voraussichtlich die ganze Nacht. Wir werden sogleich aufbrechen und jedenfalls bei Sonnenaufgang zurück sein.«

»Und wollen Sie mir auf Ehre versprechen, daß Sie heimkehren und meinem Rat wie dem Ihres Arztes folgen wollen, sobald diese Grille vorüber und die Käfergeschichte – großer Gott! – zu Ihrer Befriedigung erledigt ist?«

»Ja, ich verspreche es! – Und nun lassen Sie uns gehen, denn wir haben keine Zeit zu verlieren.«

Mit schwerem Herzen begleitete ich meinen Freund. Wir brachen gegen vier Uhr auf – Legrand, Jupiter, der Hund und ich. Der Neger schleppte Sichel und Spaten; er hatte darauf bestanden, alles zu tun, mehr aus Besorgnis, jegliches Werkzeug aus dem Bereiche seines Herrn fernzuhalten, als aus übertriebenem Pflichteifer oder Liebenswürdigkeit. Er war äußerst mürrisch, und »das verfluchte Käfer!« waren die einzigen Worte, die ihm auf der Wanderung entschlüpften. Ich selbst war mit ein paar Blendlaternen bepackt, während Legrand sich mit dem Skarabäus begnügte, der an einem Bindfaden baumelte, den er mit der Miene eines Zauberers im Gehen hin und her schwenkte. Als ich diesen letzten klaren Beweis von der Geistesverwirrung meines Freundes gewahrte, konnte ich kaum die Tränen zurückhalten. Ich hielt es jedoch für das beste – wenigstens vorläufig, bis ich energischere Maßregeln mit Aussicht auf Erfolg anwenden konnte –, seinen Wahn zu dulden. Inzwischen versuchte ich, freilich ganz vergeblich, ihn über den Zweck der Expedition auszuhorchen. Nachdem er mich dahin gebracht hatte, ihn zu begleiten, schien er nicht gewillt, sich über unwichtige Dinge zu unterhalten, und ließ sich auf alle meine Fragen zu keiner anderen Antwort herbei als: »Abwarten!«

Wir kreuzten die Bucht mit Hilfe eines Bootes, erklommen die Höhe am Ufer des Festlandes und schritten in nordwestlicher Richtung fort, durch eine wüste und einsame Gegend, wo keine Menschenseele zu erspähen war. Legrand ging mit großer Sicherheit voran und blieb nur hie und da einen Augenblick stehen, um gewisse Wegzeichen, die er bei früherer Gelegenheit selbst gemacht zu haben schien, zu befragen.

In dieser Weise zogen wir etwa zwei Stunden dahin, und die Sonne ging unter, als wir in eine Gegend gelangten, die noch unendlich viel trauriger war als die bisher durchwanderte. Es war eine Art Hochebene nahe dem Gipfel eines fast unersteigbaren Berges, der von unten bis oben dicht bewaldet war und hie und da riesige Felsblöcke trug, die lose auf dem Boden zu liegen und am Hinabrollen ins Tal lediglich durch die Bäume verhindert zu sein schienen, an deren Stämmen sie lehnten. Tiefe, nach allen Richtungen sich hinziehende Schluchten gaben der Landschaft einen noch düstereren, ernsten Charakter.

Die natürliche Plattform, zu der wir emporgeklommen, war dicht mit Brombeergestrüpp überwuchert, durch das wir uns ohne die Hilfe der Sichel nicht hätten hindurchdrängen können. Auf Anordnung seines Herrn machte Jupiter sich daran, uns einen Weg zu einem ungeheuren Tulpenbaum zu bahnen, der in Gesellschaft von acht bis zehn Eichen auf der Höhe der Ebene stand. Der Tulpenbaum überragte sie alle, überbot auch an Mächtigkeit und Laubfülle, an Ausspannung der Äste und Majestät der Erscheinung alle anderen Bäume, die ich je gesehen. Als wir diesen Baum erreichten, wandte sich Legrand an Jupiter mit der Frage, ob er wohl den Baum erklimmen könne. Der Alte schien durch diese Frage nicht wenig verblüfft und gab zunächst keine Antwort. Schließlich trat er an den riesigen Stamm heran, ging langsam um ihn herum und betrachtete ihn mit prüfenden Blicken. Als er damit fertig war, sagte er nur: »Ja, Massa. Jup erklettern jedes Baum, was gesehen im Leben.«

»Dann also hinauf mit dir – so schnell als möglich; es wird bald nicht mehr hell genug sein, um das zu sehen, um was es sich hier handelt.«

»Wie weit ich mussen hinaufgehen?« fragte Jupiter.

»Klettere nur zuerst den Stamm hinauf, und dann werde ich dir sagen, welchen Weg du nehmen mußt – und hier – halt! – nimm den Käfer mit dir.«

»Das Käfer, Massa Will? – Das Goldkäfer?« schrie der Neger, entsetzt zurückweichend. »Warum das tote Käfer mussen hinauf auf das Baum? – Verdammt, wenn ich das tun!«

»Wenn du dich fürchtest, Jup, – so ein großer starker Neger, wie du bist –, einen harmlosen kleinen Käfer in der Hand zu halten, so kannst du ihn hier am Strick tragen. Aber wenn du ihn nicht auf irgendeine Weise hinauf bringst, zwingst du mich, dir mit der Schaufel hier den Schädel einzuschlagen.«

»Was Massa denn haben?« sagte Jup, der sich augenscheinlich

schämte und nachgiebiger wurde. »Immer wollen Streit machen mit altes Nigger. Alles gewesen nur Spaß. Ich das Käfer fürchten? Was mich kümmern das Käfer!«

Mit diesen Worten ergriff er behutsam das äußerste Ende der Schnur und begann den Baum zu erklettern, wobei er das Tier so weit von seinem Körper abhielt, wie dies nur möglich war.

Der Tulpenbaum, LIRIODENDRON TULIPIFERUM, der prächtigste Waldbaum Amerikas, hat, solange er jung ist, einen eigentümlich glatten Stamm, der sich oft zu bedeutender Höhe erhebt, bevor er Seitenäste ansetzt; in reiferen Jahren aber wird die Rinde rissig und uneben, während viele kurze Äste sich vom Stamm abzweigen. So war in diesem Falle der Aufstieg nicht so schwierig, wie es den Anschein hatte. Indem Jupiter sich mit Armen und Knien so fest wie möglich an die kolossale Säule anpreßte und mit den Händen und nackten Zehen kleine Vorsprünge geschickt benutzte, wand er sich, nachdem er ein- oder zweimal beinahe abgestürzt wäre, schließlich bis in die erste große Gabelung hinauf und meinte nun, er habe seine Aufgabe großartig erfüllt. Die *Gefahr* der Sache war jetzt tatsächlich beinahe vorüber, obgleich der Kletterer sich sechzig bis siebzig Fuß über dem Erdboden befand.

»Welchen Weg mussen ich weitergehen, Massa Will?« fragte er.

»Bleibe auf dem stärksten Ast – dem auf dieser Seite hier«, sagte Legrand.

Der Neger gehorchte ihm sofort und anscheinend mühelos, bis keine Spur seiner stämmigen Gestalt mehr durch das dichte Laubwerk hindurch zu sehen war. Plötzlich erschallte von droben ein Hallo-Ruf.

»Wieviel weiter ich noch mussen gehn?«

»Wie weit bist du oben?« fragte Legrand.

»Sehr viel weit«, antwortete der Neger. »Ich sehen den Himmel von über das Baum.«

»Kümmere dich nicht um den Himmel, sondern beachte, was ich sage. Blicke am Stamm entlang hinab und zähle die Hauptäste auf dieser Seite; wie viele hast du unter dir?«

»Eins – zwei – drei – vier – finf – ich haben finf große Aste unter mir auf dieses Seite.«

»Dann geh noch einen Ast höher.«

Nach einigen Minuten erscholl die Stimme wiederum und zeigte an, daß der siebente Ast erreicht sei.

»Jetzt, Jup«, rief Legrand, ersichtlich sehr aufgeregt, »wünsche ich, daß du auf deinem Ast so weit als irgend möglich hinauskriechst. Wenn du irgend etwas Sonderbares siehst, so laß es mich wissen.«

Hiermit war auch der letzte Zweifel, den ich vielleicht noch an meines Freundes Verrücktheit gehabt haben mochte, endgültig abgetan. Während ich darüber nachsann, was da am besten zu tun sei, ertönte Jupiters Stimme von neuem.

»Ich haben Angst, auf dieses Ast sehr viel weit vorzugehen – sein fast ganz ein totes Ast.«

»Sagtest du, es sei ein toter Ast, Jupiter?« rief Legrand mit bebender Stimme.

»Ja, Massa, – sein tot wie ein Türnagel – ganz tot für ganzes Leben.«

»Was in des Himmels Namen soll ich tun?« fragte Legrand in höchster Verzweiflung.

»Tun?« sagte ich, erfreut über diese Gelegenheit zum Eingreifen. »Ja, heimgehen und sich ins Bett legen. Kommen Sie jetzt! Seien Sie gut! Es wird spät, und überdies denken Sie an Ihr Versprechen!«

»Jupiter«, rief er, ohne mich im geringsten zu beachten, »hörst du mich?«

»Ja, ich hören Massa Will ganz deutlich.«

»Dann prüfe also das Holz sorgfältig mit deinem Messer und sieh, ob du es für *sehr* morsch hältst.«

»Holz morsch, ganz bestimmt«, erwiderte der Neger nach kurzer Pause, »aber nicht so sehr morsch, als eigentlich sein mußten. Ich können ein wenig allein auf das Ast hinausrutschen. Das sein möglich.«

»*Allein?* – Was meinst du damit?«

»Ho, ich meinen das Käfer. Sein sehr schweres Käfer. Wann ich lassen ihm grade hinunterfallen, dann werden das Ast mit Gewicht von bloß so ein Nigger nicht brechen.«

»Du verfluchter Schurke!« schrie Legrand erleichtert. »Was soll das heißen, daß du solche Dummheiten redest! Wenn du den Käfer fallen läßt, breche ich dir das Genick. Paß auf, Jupiter; hörst du mich?«

»Ja, Massa. Nicht nötig haben, so viel auf armes Nigger zu schimpfen.«

»Gut, also höre! – Wenn du dich auf dem Ast so weit, als du es für möglich hältst, hinauswagen willst, ohne den Käfer fallen zu lassen, so will ich dir, sowie du wieder herunterkommst, einen Silberdollar zum Geschenk machen.«

»Ich wollen es tun, Massa – ja, ganz gewiß!« antwortete der Neger schnell. – »Ich sein fast am Ende jetzt.«

»*Am Ende?!*« schrie Legrand heraus. »Willst du sagen, du seiest ganz am Ende des Astes?«

»Bald ganz am Ende, Massa – o, o, o – oha! – Gott sein mir gnädig! – Was sein das hier auf das Baum?«

»Nun«, rief Legrand hocherfreut, »was ist es?«

»Ho – nichts als ein Schädel – einer haben sein Kopf gelassen auf Baum, und die Krähen haben abmachen jedes bißchen Fleisch.«

»Ein Schädel, sagst du! – Gut, prächtig! Wie ist er am Ast befestigt? Womit wird er oben gehalten?«

»Ich mussen nachsehen, Massa. – Ho, sein ganz seltsames Anfestigung – auf mein Wort! Da sein großes dickes Nagel durch Schädel, das ihm festmachen auf das Baum!«

»Also, Jupiter, paß auf. Tu genau, was ich dir sage. – Hörst du?«

»Ja, Massa.«

»Aufgepaßt! Suche das linke Auge von dem Schädel.«

»Ho – sein gut das – kein Auge nicht da sein überhaupt nicht.«

»Deine verwünschte Dummheit! – Kannst du deine rechte Hand von der linken unterscheiden?«

»Ja, ich wissen das – wissen gut alles darüber – sein mein linkes Hand, mit das ich hacken Holz.«

»Stimmt! Du bist linkshändig. Und dein linkes Auge ist auf derselben Seite wie deine linke Hand. Ich hoffe, du kannst nun das linke Auge des Schädels finden – oder vielmehr die Stelle, wo es gewesen ist. Hast du's gefunden?«

Lange Pause.

Endlich fragte der Neger; »Sein linkes Auge von das Schädel auf selbes Seiten wie linkes Hand von das Schädel? Weil Schädel nichts ein bißchen haben von Hand. Aber tun nichts – ich haben jetzt finden linkes Auge! Was sollen ich tun damit?«

»Laß den Käfer hindurchfallen, so weit als der Strick reicht. Aber sei vorsichtig und laß den Strick nicht aus der Hand.«

»Alles das fertig, Massa Will. Sehr viel leichtes Ding, das Käfer stecken durch das Loch. Massa müssen ihm sehn von unten.«

Während dieser Unterhaltung konnte man von Jupiters Gestalt nicht das geringste sehen; aber der Käfer, den er herunterhängen ließ, wurde jetzt mit dem Ende der Schnur sichtbar und glitzerte in den letzten Strahlen der untergehenden Sonne, die unseren hohen Standort noch trafen, wie eine glatte Goldkugel. Der Skarabäus hing frei zwischen dem Astwerk und würde, wenn man ihn fallen gelassen hätte, vor unsern Füßen niedergefallen sein.

Legrand nahm sogleich die Sichel zur Hand und mähte genau unter dem Insekt einen Kreis von drei bis vier Ellen Durchmesser sauber ab. Dann befahl er Jupiter, den Strick fallen zu lassen und herunterzukommen. Genau an der Stelle, wo der Käfer hingefallen war, trieb er einen Pflock in die Erde und zog ein Bandmaß aus der Tasche. Er befestigte das eine Ende desselben an der Stelle des Baumstammes, die dem Pflock zunächst lag, rollte das Band auf, bis es an den Pflock reichte, und zog es in der durch die beiden Punkte an Baum und Pflock gegebenen Richtung noch fünfzig Fuß weiter, wobei Jupiter das Brombeergestrüpp mit der Sichel beiseite räumte. An dem so erhaltenen Punkt wurde ein zweiter Pflock eingetrieben und von diesem Mittelpunkt aus ein

Kreis von etwa vier Fuß Durchmesser beschrieben. Indem Legrand nun einen Spaten ergriff und mir wie Jupiter einen reichte, ersuchte er uns, so schnell als möglich zu graben.

Ich muß gestehen, daß ich an solcher Betätigung niemals Gefallen gefunden hatte und sie auch jetzt von Herzen gern zurückgewiesen hätte; denn die Nacht kam heran, und ich fühlte mich durch die bisherigen Strapazen schon sehr ermüdet. Aber ich sah keine Möglichkeit zum Ausweichen und fürchtete, durch meine Weigerung meines armen Freundes Seelenruhe zu stören. Wahrhaftig, hätte ich auf Jupiters Hilfe rechnen können, so würde ich mit dem Versuch nicht gezögert haben, den Irrsinnigen gewaltsam heimzuschleppen! Doch kannte ich den alten Neger zu gut, als daß ich hätte hoffen können, er werde mich unter irgendwelchen Umständen bei einem Angriff auf seinen Herrn unterstützen. Ich zweifelte nicht, daß dieser von dem im Süden häufig grassierenden Aberglauben an vergrabene Schätze angesteckt und in seinem Wahn durch den Fund des Skarabäus, vielleicht auch durch Jupiters hartnäckige Behauptung, der Käfer sei von echtem Gold, bestärkt worden sei. Ein zum Irrsinn veranlagter Geist mußte durch solche Gedanken leicht verwirrt werden können – besonders wenn sie mit lang gehegten Lieblingsideen in Einklang standen –, und dann rief ich mir auch des armen Jungen Worte ins Gedächtnis zurück: der Käfer sei ihm der Wegweiser zu einem neuen Vermögen. Das Ganze ärgerte und beunruhigte mich sehr; zuletzt beschloß ich aber, aus der Not eine Tugend zu machen – gutwillig zu graben und dadurch möglichst schnell den Träumer durch Augenschein von der Haltlosigkeit seiner Anschauungen zu überzeugen.

Die Laternen wurden angezündet, und wir alle begannen mit einem Eifer zu graben, der einer vernünftigeren Sache würdig gewesen wäre. Wie der Lichtschein so auf uns und unsere Werkzeuge fiel, konnte ich mich des Gedankens nicht erwehren, welch romantisches Bild wir boten und wie unheimlich und verdächtig unsere Arbeit einem zufälligen Beobachter erscheinen müßte.

Ununterbrochen arbeiteten wir zwei Stunden lang. Es wurde wenig gesprochen, und nur das Gebell des Hundes, der unser Tun mit lebhafter Anteilnahme verfolgte, störte uns etwas. Das Vieh wurde schließlich so laut, daß wir fürchteten, es könne Vagabunden, die sich etwa in der Nähe befänden, auf uns aufmerksam machen. Richtiger gesagt war das nur Legrands Besorgnis – ich selbst würde mich über jede Unterbrechung gefreut haben, die es mir ermöglicht hätte, den Abenteurer heimzubringen. Der Hund wurde endlich durch Jupiter, der mit zorniger Entschlossenheit aus der Grube herausstieg, auf sinnreiche Weise zum Schweigen gebracht: der Neger band ihm mit seinen Hosenträgern das Maul zu. Darauf nahm er kichernd seine Arbeit wieder auf.

Nach Verlauf der zwei Stunden hatten wir eine Tiefe von fünf Fuß erreicht, und noch immer konnte man nichts von einem Schatz entdecken. Eine allgemeine Ruhepause trat ein, und ich begann zu hoffen, die Posse sei zu Ende. Trotz seiner sichtlichen Enttäuschung aber machte sich Legrand, nachdem er sich den Schweiß von der Stirn gewischt hatte, von neuem ans Werk. Wir hatten schon den ganzen Kreis von vier Fuß Durchmesser ausgegraben, und jetzt erweiterten wir den Umkreis ein wenig und gruben noch zwei Fuß tiefer. Noch immer war nichts zu finden.

Der Goldsucher, mit dem ich tiefes Mitleid hatte, kletterte nun mit dem Ausdruck bitterster Enttäuschung aus der Grube heraus und begann langsam und widerwillig seinen Rock wieder anzuziehen, den er zu Beginn der Arbeit abgeworfen hatte. Noch immer sagte ich kein Wort. Auf ein Zeichen seines Herrn raffte Jupiter das Handwerkszeug zusammen. Nachdem dies geschehen und dem Hund die Maulbinde wieder abgenommen worden war, wandten wir uns in tiefstem Schweigen zum Gehen.

Wir hatten kaum zwölf Schritte heimwärts gemacht, als Legrand sich mit einem lauten Fluch auf Jupiter stürzte und ihn beim Kragen packte. Der erstaunte Neger riß Mund und Augen auf, ließ die Spaten fallen und sank in die Knie.

»Du Schurke!« zischte Legrand durch die Zähne. »Du höllischer schwarzer Schuft! – Sprich, sag' ich dir! – Antworte mir auf der Stelle und ohne Ausweichen – wo – welches ist dein linkes Auge?«

»O – mein Hals, Massa Will! – Sein das hier nicht mein linkes Auge ganz gewiß?« heulte der entsetzte Jupiter, indem er die Hand auf sein *rechtes* Sehorgan legte und sie dort mit verzweifelter Hartnäckigkeit fest anpreßte, wie in wahnsinniger Angst, sein Herr könne es ihm ausreißen wollen.

»Ich dachte es mir! – Ich wußte es! – Hurra!« jubelte Legrand, den Neger loslassend, und führte einen wahren Freudentanz auf – sehr zum Erstaunen seines Dieners, der sich von den Knien erhoben hatte und abwechselnd von seinem Herrn zu mir und von mir zu seinem Herrn blickte.

»Kommt, wir müssen zurück!« sagte letzterer; »das Spiel ist noch nicht verloren.« Und er schritt wieder zum Tulpenbaum voran.

»Jupiter«, sagte er, als wir am Fuß des Stammes angekommen waren, »komm her! War der Schädel mit dem Gesicht nach außen oder nach dem Stamm zu auf den Ast genagelt?«

»Das Gesicht waren außen, Massa, – daß Krähen gut können kommen an Augen ohne alles Mühe.«

»Schön also. War es dies Auge oder das, durch das du den Käfer niederließest?« – und Legrand tippte Jupiter auf jedes Auge.

»Waren dies Auge, Massa, – linkes Auge – ganz wie Massa haben sagen«, und der Neger zeigte auf sein rechtes Auge.

»Das genügt. Wir müssen es noch einmal versuchen.«

Hier nahm mein Freund, in dessen Wahnsinn ich nun gewisse Anzeichen von Methode zu sehen glaubte, den Pflock, der die Stelle markierte, wo der Käfer niedergefallen war, und steckte ihn etwa drei Zoll weiter nach Westen in den Boden. Nun zog er das Bandmaß von der Stelle des Stammes, die dem Pflock zunächst lag, über diesen hinaus und wie vorher in gerader Linie fünfzig Fuß weiter. So wurde ein Punkt gefunden, der einige

Ellen von dem entfernt war, bei dem wir mit dem Graben begonnen hatten.

Rund um diese neue Stelle wurde nun ein Kreis gezogen, der etwas größer war als der vorige, und wieder begannen wir mit den Spaten zu arbeiten. Ich war furchtbar müde; aber mein Widerwillen gegen die mir auferlegte Mühe war jetzt geschwunden, obschon ich den Wechsel in meiner Anschauung nicht begriff. Mich überkam ein unerklärlicher Eifer – ja, geradezu eine Begeisterung. Vielleicht war in dem seltsamen Betragen Legrands so etwas wie Bedachtsamkeit und Umsicht, das auf mich Eindruck machte. Ich grub eifrig weiter und ertappte mich hie und da dabei, wie ich geradezu mit Erwartung nach dem erträumten Schatze ausspähte, der meinen unglücklichen Gefährten um den Verstand gebracht hatte.

Als wir etwa anderthalb Stunden gearbeitet hatten und jene merkwürdige Spannung mich wieder besonders stark beherrschte, wurden wir von neuem durch ein wildes Geheul unseres Hundes gestört. Seine Unruhe war beim erstenmal wohl nichts als Spielerei oder Laune gewesen, jetzt aber nahm sie einen ernsten und drohenden Ton an. Als Jupiter wiederum versuchte, ihm das Maul zuzubinden, leistete er rasenden Widerstand, sprang in die Grube und warf mit seinen Klauen wütend die Erde auf. In wenigen Sekunden hatte er einen Haufen menschlicher Knochen bloßgelegt, die zwei vollständige Skelette bildeten; dazwischen lagen mehrere Metallknöpfe und Reste vermoderten Wollstoffes. Ein oder zwei Spatenstiche förderten die Klinge eines spanischen Messers zutage, und beim Weitergraben kamen drei bis vier verstreute Gold- und Silbermünzen ans Licht.

Beim Anblick dieser Münzen wurde Jupiter von ganz unbändiger Freude erfaßt, die Mienen seines Herrn aber drückten geradezu Enttäuschung aus. Er eiferte uns jedoch an, die Arbeit fortzusetzen, und die Aufforderung war kaum ergangen, als ich stolperte und vornüber hinfiel: ich war mit der Schuhspitze in einem Eisenring hängen geblieben, der halb versteckt im weichen Boden lag.

Wir schafften jetzt im Ernst, und nie habe ich zehn Minuten größerer Aufregung durchlebt. In dieser Zeit hatten wir glücklich eine längliche Holzkiste bloßgelegt, deren tadelloser Zustand und auffallende Festigkeit den Schluß zuließen, daß sie einem künstlichen Versteinerungsprozeß – vermutlich mit Quecksilberchlorid – unterworfen worden war.

Diese Kiste war drei und einen halben Fuß lang, drei Fuß breit und zwei und einen halben Fuß tief. Sie war durch schmiedeeiserne genietete Bänder, die das Ganze wie mit Gitterwerk umfaßten, fest verwahrt. Auf jeder Seite der Kiste befanden sich ziemlich oben drei Eisenringe – im ganzen sechs – an denen sie von sechs Personen bequem und sicher getragen werden konnte. Unsere äußersten gemeinsamen Anstrengungen erzielten nur eine geringe Verschiebung des Koffers aus seiner Lage. Wir sahen sogleich die Unmöglichkeit, ein so großes Gewicht herauszuheben. Glücklicherweise bestand der einzige Verschluß des Deckels in zwei Schiebebolzen. Diese zogen wir bebend in atemloser Erwartung auf. In einem Augenblick lag ein Schatz von unberechenbarem Werte schimmernd vor uns. Als die Strahlen der Laternen in die Grube fielen, flammte von einem Durcheinander von Gold und Juwelen ein gleißendes Funkeln auf, das uns fast blendete.

Ich will nicht versuchen, zu beschreiben, mit welchen Gefühlen ich hinunterstarrte; Staunen war natürlich vorherrschend. Legrand schien vor Aufregung erschöpft und sagte nur wenig. Jupiters Antlitz wurde minutenlang so tödlich bleich, wie die Natur der Dinge dies einem Negergesicht erlaubt. Er schien betäubt – vom Blitz getroffen. Plötzlich sank er in der Grube in die Knie, wühlte die nackten Arme bis zu den Ellenbogen ins Gold und ließ sie da ruhen, als genieße er die Wonnen eines Bades. Endlich, nach einem tiefen Seufzer, rief er wie im Selbstgespräche aus:

»Und das alles sein kommen von das Goldkäfer! O das hübsches Goldkäfer! Das armes kleines Goldkäfer, was ich haben schimpfen so sehr viel bös! – Mussen du dich nicht schämen, Nigger? – Sagen mir das!«

Es wurde schließlich nötig, daß ich Herrn wie Diener mahnte, den Schatz schleunigst wegzuschaffen. Es wurde spät, und wir mußten uns beeilen, um alles vor Tagesanbruch bergen zu können. Wie das geschehen sollte, war allerdings schwer zu sagen, und viel Zeit wurde durch Beratungen verschwendet – so wirr waren alle unsere Gedanken. Endlich erleichterten wir die Kiste um zwei Drittel ihres Inhaltes, wonach es uns mit einiger Mühe gelang, sie aus dem Loch zu heben. Die herausgenommenen Gegenstände wurden unter das Brombeergesträuch gelegt, und der Hund, dem Jupiter einschärfte, keinesfalls von der Stelle zu weichen noch vor unserer Rückkehr einen Laut von sich zu geben, mußte als Wächter zurückbleiben. Dann eilten wir mit unserer Kiste heim und langten glücklich, doch nach ungeheurer Anstrengung, morgens ein Uhr in der Hütte an. Ermattet, wie wir waren, konnten wir unmöglich sogleich weiterarbeiten. Wir ruhten bis zwei und hielten unser Nachtmahl. Dann brachen wir wieder nach dem Festland auf, mit drei großen Säcken versehen, die sich glücklicherweise im Hause vorgefunden hatten. Kurz vor vier trafen wir bei der Grube ein, verteilten den Rest der Beute möglichst gleichmäßig unter uns dreien und machten uns, ohne die Löcher wieder zuzuschütten, von neuem auf den Heimweg. Wir erreichten die Hütte, gerade als die ersten schwachen Strahlen der Morgensonne im Osten die Baumspitzen röteten, und legten zum zweiten Male unsere goldene Bürde nieder.

Wir waren jetzt völlig erschöpft, doch viel zu aufgeregt, um wirklich Ruhe zu finden. Nach drei bis vier Stunden unruhigen Schlafes erhoben wir uns wie auf Verabredung, um unseren Schatz zu untersuchen.

Die Kiste war bis zum Rand gefüllt gewesen, und wir verbrachten den ganzen Tag und den größten Teil der folgenden Nacht mit der Sichtung ihres Inhalts, der offenbar ohne Ordnung zusammengehäuft worden war. Nachdem wir alles sorgfältig sortiert, sahen wir uns im Besitze eines Reichtums, der unsere ersten Vermutungen bei weitem übertraf. An barem Gelde gab es mehr als hundertfünfzigtausend Dollar – wenn wir die Münzen, so gut es ging, nach dem jetzigen Wert berechneten. Nicht ein Silberstückchen war zu finden; es waren ausschließlich alte ausländische Goldmünzen – französisches, spanisches und deutsches Geld nebst ein paar englischen Guineen und einigen Spielmarken, wie wir solche nie vorher gesehen hatten. Da gab es mehrere sehr große und schwere Goldstücke, die so abgenutzt waren, daß wir ihre Inschriften nicht mehr entziffern konnten. Amerikanisches Geld war gar nicht vorhanden.

Den Wert der Juwelen abzuschätzen, war schwieriger für uns. Da gab es Diamanten – einige davon außerordentlich groß und schön – hundertundzehn im ganzen, und nicht einer gehörte zu den kleinen; achtzehn Rubinen von erstaunlichem Feuer; dreihundertundzehn Smaragden, alle wunderschön; einundzwanzig Saphire und einen Opal. Diese Steine waren sämtlich aus ihren Fassungen gebrochen und lose in die Kiste geworfen worden. Die Fassungen selbst, die wir aus dem anderen Gold heraussuchten, schienen mit dem Hammer zusammengeschlagen zu sein, als sollte dadurch eine Identifikation unmöglich gemacht werden. Außerdem gab es eine Menge reingoldener Schmucksachen; an zweihundert massive Ringe und Ohrringe; prächtige Ketten, an dreißig, wenn ich mich recht erinnere; dreiundachtzig sehr große und schwere Kruzifixe; fünf goldene Weihrauchbecken von größtem Wert; eine umfangreiche goldene Punschbowle mit Weinlaubornamenten und bacchantischen Figuren; zwei wunderbar fein ziselierte Schwertgriffe und viele andere kleine Dinge, deren ich mich im einzelnen nicht mehr entsinnen kann. Das Gewicht dieser Wertsachen betrug mehr als dreihundertundfünfzig Pfund, und in diese Berechnung habe ich hundertsiebenundneunzig prächtige goldene Uhren nicht mit eingeschlossen, worunter sich drei befanden, deren jede fünfhundert Dollar wert war. Viele von ihnen waren sehr alt und, da das Werk mehr oder weniger vom Rost gelitten hatte, als Zeitmesser nicht mehr brauchbar – doch alle waren mit Juwelen besetzt und hatten sehr wertvolle Gehäuse. Wir schätzten in jener Nacht den gesamten Inhalt der Kiste auf anderthalb Millionen Dollar, und bei der späteren Veräußerung des Geschmeides und der Juwelen (einige wenige Dinge hatten wir für unseren Gebrauch zurückbehalten) fand es sich, daß wir den Schatz noch viel zu gering bewertet hatten.

Als wir endlich unsere Prüfung beendet hatten und die erste große Aufregung vorüber war, ließ sich Legrand, der sah, daß ich vor Ungeduld nach einer Erklärung des wunderbaren Rätsels brannte, zu einer umständlichen Schilderung aller damit verknüpften Einzelheiten herbei.

»Sie werden sich«, sagte er, »der Nacht erinnern, da ich Ihnen die flüchtige Skizze reichte, die ich von dem Skarabäus gemacht hatte. Sie werden sich ferner entsinnen, daß ich sehr ärgerlich über Sie wurde, als Sie behaupteten, daß meine Zeichnung eine auffallende Ähnlichkeit mit einem Totenschädel habe. Als Sie dies zum erstenmal sagten, glaubte ich, Sie scherzten; nachher aber rief ich mir die charakteristischen Flecke auf dem Rücken des Insekts ins Gedächtnis zurück und gestand mir selbst, daß Ihre Bemerkung nicht so ganz unbegründet sei. Dennoch ärgerte mich die Verspottung meiner Zeichenkunst, denn ich gelte als leidlich guter Zeichner. Als Sie mir daher das Pergamentstückchen reichten, wollte ich es zerknittern und ärgerlich ins Feuer werfen.«

»Das Papierstückchen meinen Sie«, sagte ich.

»Nein. Es hatte viel Ähnlichkeit mit Papier, und zuerst hielt ich es auch für Papier; doch als ich darauf zu zeichnen begann, merkte ich sogleich, daß es ein Fetzen feinsten Pergaments war. Sie werden sich erinnern: es war ganz schmutzig. Nun, als ich es gerade zu zerknittern begann, fiel mein Blick auf die Skizze, und denken Sie sich mein Erstaunen, als ich tatsächlich genau an der Stelle, wo ich den Käfer hingezeichnet zu haben glaubte, das Abbild eines Totenkopfes gewahrte. Einen Augenblick war ich zum Nachdenken viel zu verblüfft. Ich wußte, daß meine Zeichnung im einzelnen sehr abweichend von diesem Bilde gewesen war – obgleich man eine gewisse Ähnlichkeit der Umrißlinie zugeben mußte. Ich nahm sofort ein Licht, setzte mich in den fernsten Winkel des Zimmers und machte mich daran, das Pergament genauer zu prüfen. Als ich das Blatt herumdrehte, sah ich auf der Rückseite meine eigene Skizze, genau so, wie ich sie gemacht hatte. Mein erster Gedanke nun war lediglich der des Erstaunens über die wirklich sonderbare Übereinstimmung der Umrisse – über das merkwürdige Zusammentreffen, das in der Tatsache lag, daß sich genau unter meiner Zeichnung des Skarabäus auf der anderen Seite des Pergaments, ohne daß ich es wußte, das Bild eines Schädels befunden habe und daß dieser Schädel nicht nur im Umriß, sondern auch im Umfang so ganz meinem Käferbild ähnlich gewesen sein sollte. Ich sage, die Wunderlichkeit dieses Zusammentreffens verblüffte mich eine Zeitlang vollständig. Das ist fast immer die Wirkung solcher Zufälle. Der Geist müht sich, Beziehungen aufzudecken – eine Kette von Ursachen und Wirkungen – und leidet, da dies ihm unmöglich ist, unter zeitweiser Lähmung. Als ich mich aber von dieser Betäubung erholte, dämmerte allmählich in mir eine Überzeugung auf, die mich noch weit mehr überraschte als jenes zufällige Zusammentreffen. Ich begann mich klar und bestimmt zu erinnern, daß *keine* Zeichnung auf dem Pergament gewesen war, als ich darauf meine Skizze des Skarabäus machte. Fester und fester wurde diese Überzeugung in mir, da ich mit Sicherheit wußte, daß ich auf der Suche nach der reinsten Stelle zuerst die eine und dann die andere Seite geprüft hatte. Wäre der Schädel damals dagewesen, so hätte er meinen Augen unmöglich entgehen können. Hier war also wirklich ein Geheimnis, das ich mir nicht erklären konnte; aber schon damals glühte in den entlegensten, geheimsten Kammern meines Intellekts eine schwache Ahnung von jener Wahrheit auf, welche das Abenteuer der letzten Nacht so glänzend erwiesen hat. Sofort stand ich auf, verwahrte sorgfältig das Pergament und verschob jedes weitere Nachsinnen, bis ich allein sein würde.

Als Sie gegangen waren und Jupiter fest schlief, ging ich von neuem und mit mehr Methode an die Untersuchung der Sache.

Zunächst überlegte ich, wie ich in den Besitz des Pergamentes gekommen war. Der Ort, wo wir den Skarabäus gefunden hatten, lag auf der Küste des Festlandes, ungefähr eine Meile östlich von der Insel, und war nur wenig über den Wasserstand der Flutzeit erhöht. Als ich das Tier ergriff, kniff es mich so heftig in den Finger, daß ich es wieder fallen ließ. Der vorsichtige Jupiter aber, auf den das Insekt zugekrochen kam, sah sich nach einem Blatt oder dergleichen um, womit er es anfassen könnte. Da fiel sein Blick – und auch der meinige – auf das Pergamentstückchen, das ich damals für Papier hielt. Es lag fast ganz im Sand begraben, und nur ein Eckchen schaute hervor. Nicht weit von der Stelle, wo wir es fanden, erblickte ich die Überreste eines Langbootes. Das Wrack mußte schon lange da gelegen haben, denn die Hölzer waren kaum noch als Schiffsmaterial erkennbar.

Jupiter hob also das Pergamentstück auf, wickelte den Käfer hinein und gab es mir. Bald darauf machten wir uns wieder auf den Heimweg und begegneten Leutnant G. Ich zeigte ihm das Insekt, und er bat mich um die Erlaubnis, es nach dem Fort mitnehmen zu dürfen. Da ich einwilligte, ließ er es in die Westentasche gleiten – ohne das Pergament, das ich, solange er den Käfer betrachtet hatte, in der Hand gehalten. Vielleicht fürchtete er, ich könne noch anderer Sinnesart werden, und hielt es für das beste, den Schatz gleich in Sicherheit zu bringen. Sie wissen ja, wie begeistert er naturgeschichtliche Studien treibt. Gleich darauf mußte ich wohl, ohne es selbst zu wissen, das Pergament in die Tasche gesteckt haben.

Sie wissen wohl noch, daß ich an jenem Abend an den Tisch trat und mich dort nach einem Stückchen Papier umsah, um darauf den Käfer zu skizzieren; es lag aber keins da. Ich suchte im Fach, fand jedoch auch hier keins. Ich griff in meine Taschen, in der Hoffnung, irgendeinen alten Brief zu finden, als meine Hand das Pergament fühlte. Ich erzähle Ihnen deshalb so genau die Einzelheiten, wie es in meinen Besitz gekommen ist, weil gerade diese Einzelheiten besonderen Eindruck auf mich gemacht hatten.

Sicher werden Sie mich für sehr phantastisch halten – aber schon hatte ich gewisse Beziehungen gefunden. Ich hatte zwei Glieder einer langen Kette zusammengefügt: da lag das Wrack eines Bootes und nicht weit davon ein Pergament – *nicht ein Papier* – mit einem darauf abgebildeten Schädel. Sie werden natürlich fragen: wo sind denn die Beziehungen? Ich erwidere: der Schädel oder Totenkopf ist das wohlbekannte Wappenbild des Piraten. Die Flagge mit dem Totenkopf wird bei jedem Kampf gehißt.

Ich habe gesagt, daß der Fetzen Pergament und nicht Papier war. Pergament ist dauerhaft – fast unzerstörbar. Dinge von geringer Bedeutung werden selten dem Pergamente anvertraut, da es zum einfachen Schreiben oder Zeichnen längst nicht so bequem ist wie Papier. Diese Erwägung brachte mich dahin, dem Wappenbild des Piraten auf einem Pergamentblatt eine besondere Bedeutung unterzulegen. Ich versäumte auch nicht, die Form des Pergaments zu prüfen. Obschon eine seiner Ecken irgendwie zerstört worden war, konnte man sehen, daß das ursprüngliche Format länglich gewesen war. Es war tatsächlich gerade so ein Blatt, wie man es für ein Memorandum gewählt haben mochte – für ein Dokument, das lange erhalten bleiben und sorgsam aufbewahrt werden sollte.«

»Aber«, warf ich ein, »Sie sagen doch auch, der Schädel sei *nicht* auf dem Pergament gewesen, als Sie die Zeichnung des Käfers machten. Wie können Sie denn da irgendwelche Beziehungen zwischen dem Boot und dem Totenkopf aufstellen – da der letztere, wie Sie selbst zugeben, zu einer Zeit gezeichnet sein muß (Gott allein mag wissen, wie und von wem), als Ihre Skizze des Skarabäus schon fertig war?«

»Ja, hierauf beruhte gerade das ganze Geheimnis; obgleich ich, einmal bei diesem Punkte angelangt, alles Folgende verhältnismäßig leicht enträtselte. Meine Schlüsse waren so folgerichtig, daß sie nur zu einem einzigen Resultat führen konnten. Ich schloß zum Beispiel so: Als ich den Käfer zeichnete, war kein Totenkopf auf dem Pergament sichtbar; als ich die Zeichnung fertig hatte, gab ich sie Ihnen und hielt Sie fest im Auge, bis Sie sie zurückgaben. Sie zeichneten also nicht den Schädel, und sonst war niemand da, der es hätte tun können. Es war also nicht durch Menschenhand geschehen – und dennoch *war* es geschehen!

Als ich in meinen Überlegungen so weit gekommen war, versuchte ich mit aller Kraft meines Erinnerungsvermögens mich in den in Frage stehenden Abend zurückzuversetzen – und das gelang mir auch. Der Tag war kalt gewesen (o seltener und glücklicher Zufall!), und ein Feuer brannte im Kamin. Ich war von der Anstrengung des Tages ermüdet und saß am Tisch; Sie aber hatten sich einen Stuhl zum Feuer gerückt. Gerade als ich Ihnen das Pergament gereicht hatte und Sie es betrachten wollten, kam Wolf, der Neufundländer, herein und sprang an Ihnen empor. Mit der linken Hand streichelten Sie ihn und wehrten ihn ab, während Ihre Rechte, die das Pergament hielt, lässig auf den Knien und nahe bei der Glut lag. Einen Augenblick dachte ich, die Flamme habe das Blatt ergriffen, und wollte Sie warnen, doch ehe ich reden konnte, hatten Sie das Blatt wieder höher gehoben und sahen es an.

Wenn ich alle diese Einzelheiten in Betracht zog, zweifelte ich keinen Moment, daß Hitze die Kunst gewesen war, die den Totenkopf, den ich da auf dem Pergament sah, ans Licht gebracht hatte. Sie wissen ja wohl, daß es chemische Präparate gibt und seit uralten Zeiten gegeben hat, mit deren Hilfe es möglich ist, auf Papier oder Pergament zu schreiben, so daß die Schriftzeichen nur durch Einwirkung von Feuerhitze sichtbar werden. Manchmal wird Saflor verwendet, das in Königswasser aufgelöst und mit dem vierfachen Gewicht Wasser verdünnt eine grüne Tinte ergibt; eine rote erhält man, wenn man Kobalt in Salpetergeist auflöst. Diese Tinten verschwinden, nachdem sie abgekühlt sind, auf längere oder kürzere Zeit, werden aber bei Einwirkung von Hitze wieder sichtbar.

Ich untersuchte nun den Totenkopf mit der größten Sorgfalt. Seine äußeren Linien, die Linien, die dem Rande des Blattes am nächsten kamen, waren weit deutlicher zu sehen als die anderen. Es war klar, daß die Erhitzung unvollkommen oder ungleichmäßig vorgenommen worden war. Ich zündete sogleich ein Feuer an und setzte das ganze Pergament gleichmäßig der Hitze aus. Zunächst war die einzige Wirkung ein stärkeres Hervortreten der blassen Schädelzeichnung; als ich aber das Experiment fortsetzte, erschien an der dem Totenkopf diagonal entgegengesetzten Ecke des Blattes das Bild eines Tieres, das ich zuerst für eine Geiß hielt. Bei näherem Zusehen aber fand ich, daß es ein Zicklein vorstellte.«

»Ha ha«, lachte ich, »eigentlich habe ich keinen Grund, Sie auszulachen – anderthalb Millionen sind etwas zu Ernstes, um darüber zu lachen – aber Sie wollen doch da nicht etwa Ihrer Kette ein drittes Glied anfügen – Sie wollen doch nicht eine besondere Beziehung zwischen Ihrem Piraten und einer Ziege herausfinden? Denn Piraten scheinen mir mit Ziegen durchaus nichts zu tun zu haben – diese gehören vielmehr in den Bereich der Landwirtschaft.«

»Aber ich sagte Ihnen doch, das Bild sei nicht das einer Ziege gewesen.«

»Schön – also ein Zicklein – das ist doch so ziemlich dasselbe.«

»So ziemlich, aber nicht ganz«, sagte Legrand. »Sie haben vielleicht von einem gewissen Kapitän Kidd* gehört. Sofort hielt ich das Tierbild für eine Art scherzhaftes Familienwappen und hieroglyphisches Namenszeichen, weil sein Platz auf dem Pergament das vermuten ließ. Der Totenkopf in der diagonal gegenüberliegenden Ecke schien gleicherweise so etwas wie ein Stempel oder Siegel zu sein. Da aber sonst durchaus nichts auf dem Blatt erscheinen wollte, wurde ich in meiner Annahme doch sehr erschüttert; mir fehlte der Resonanzboden zu meinem erdachten Instrument – der Text zu meinem Kontext.«

»Ich verstehe; Sie erwarteten, zwischen dem Stempelbild und dem Namensbild einen Brief zu finden.«

* Kid (englisch) heißt Zicklein.

»Etwas dergleichen. Tatsache ist, daß ich eine unerklärliche Vorahnung irgendeines gewaltigen Glücksfalls hatte. Ich weiß kaum, warum. Vielleicht war es mehr ein Wunsch als ein wirklicher Glaube; aber wissen Sie auch, daß Jupiters alberne Äußerung, der Käfer sei ganz aus Gold, von merkwürdigem Einfluß auf meine Einbildungskraft war? Und dann die Reihe von Zufällen und Zusammenhängen – das war alles so *sehr* merkwürdig. Wissen Sie noch, welch reiner Zufall es war, daß diese Ereignisse sich gerade an dem einzigen Tag im Jahre abspielten, an dem es kalt genug gewesen war, daß man ein Feuer anzünden mußte, und daß ohne dies Feuer oder ohne das Dazwischenkommen des Hundes gerade in dem richtigen Augenblick ich niemals den Totenkopf erblickt und also auch niemals Besitzer des Schatzes geworden wäre?«

»Weiter, nur weiter! Ich bin gar zu neugierig.«

»Schön also. Gewiß haben auch Sie die abenteuerlichen Geschichten gehört – die tausend dunklen Andeutungen darüber, daß Kidd und seine Genossen irgendwo an der atlantischen Küste einen Goldschatz vergraben haben sollen. Dies Gerede muß doch in einer Tatsache begründet sein; und daß es sich gar so lange erhalten konnte, schien mir Beweis dafür, daß der vergrabene Schatz noch immer nicht gehoben sei. Hätte Kidd seinen Raub nur eine Zeitlang verborgen und später wieder an sich genommen, so wären diese Schatzmärchen wohl kaum in ihrer immer unveränderten Gestalt bis auf uns gelangt. Es wird Ihnen auffallen, daß die Geschichten alle von *Goldsuchern*, nicht von Goldfindern handeln. Hätte der Pirat sein Geld wiedergefunden, so wäre die Sache damit erledigt gewesen. Es schien mir, als habe irgendein Zufall – sagen wir mal der Verlust eines Schriftstückes, das genaue Angaben über den Ort des Versteckes enthielt – ihm die Möglichkeit einer Wiederauffindung genommen und als sei dieser Umstand seinen Spießgesellen bekannt geworden; sonst hätten diese wohl niemals von einem vergrabenen Schatze gehört und durch ihre vergeblichen Versuche einer Wiederauffindung und ihre diesbezüglichen Gespräche Veranlassung zu den Gerüchten gegeben. Haben Sie je davon gehört, daß an der Küste ein Schatz ausgegraben worden sei?«

»Nein, nie.«

»Daß aber Kidds geraubte Schätze enorm gewesen sein müssen, ist wohl bekannt. Ich hielt es also für gewiß, daß sie noch in der Erde ruhten; und es wird Sie wohl nicht weiter wundern, wenn ich Ihnen sage, daß ich die bestimmte Hoffnung hegte, das auf so seltsame Weise in meinen Besitz gelangte Pergament enthalte den verlorenen Bericht über den Ort, wo der Schatz verborgen liege.«

»Doch was taten Sie nun?«

»Ich fachte das Feuer stärker an und hielt das Pergamentstück wieder dagegen; aber es kam nichts zum Vorschein. Da kam mir der Gedanke, die Schmutzkruste, mit der das Blatt wie überzogen war, könne mit dem Fehlschlagen meiner Erwartungen in Zusammenhang stehen; ich übergoß also das Pergament behutsam mit warmem Wasser, legte es dann, den Totenkopf nach unten, in eine zinnerne Pfanne und stellte diese auf ein glühendes Kohlenbecken. Als die Pfanne nach einigen Minuten heiß war, nahm ich das Blatt heraus und fand es zu meiner unaussprechlichen Freude hie und da mit reihenweise angeordneten Zeichen bedeckt. Wieder legte ich es in die Pfanne und ließ es noch eine Minute darin. Als ich es diesmal herausnahm, war das Ganze so, wie Sie es jetzt hier sehen.«

Legrand, der inzwischen das Pergamentblatt erhitzt hatte, reichte es mir. Zwischen dem Totenkopf und der Ziege waren in roter Tinte und ungefügiger Schrift folgende Zeichen zu sehen:

53†† + 305)) 6*; 4826) 4†.) 4†); 806*; 48 + 8 II 60))85; 1† (;:†*8 + 83 (88) 5* +; 46 (; 88 *96*?; 8)* † (;485);5* + 2:* † (;4956* 2(5* − 4) 8 II 8*5 4069285);) 6 + 8) 4††; 1 († 9; 480815 8 : 8† 1; 48 + 85; 4) 485 + 528806* 81 († 95 485 (88; 4 (†? 34; 48) 4†; 161; : 188;†?;

»Nun«, sagte ich, ihm das Blatt wieder hinreichend, »ich bin um kein Haar klüger als zuvor. Und wenn meiner nach Lösung dieses Rätsels alle Juwelenschätze Golkondas warteten – ich bin gewiß, sie nicht gewinnen zu können.«

»Und doch«, sagte Legrand, »ist die Lösung durchaus nicht so schwierig, wie Sie bei flüchtigem Betrachten annehmen könnten. Die Zeichen bilden, wie jeder leicht erraten wird, eine Geheimschrift – ich meine, sie enthalten einen Sinn. Aber nach alledem, was von Kidd bekannt ist, konnte ich ihm nicht die Fähigkeit zuschreiben, eine wirklich schwer enträtselbare Geheimschrift zu erfinden. Ich nahm also ohne weiteres an, daß sie recht einfach sein müsse – doch immerhin derart, daß sie dem ungebildeten Seemann ganz unverständlich erscheinen müsse, solange der Schlüssel dazu fehlte.«

»Und Sie fanden ihn wirklich?«

»Unschwer; ich habe zehntausendmal dunklere Geheimschriften enträtselt. Die Umstände und auch eine Art Neigung gaben mir ein gewisses Interesse für derlei Rätsel, und mit Recht mag es bezweifelt werden, ob menschlicher Scharfsinn ein Rätsel ersinnen könne, das menschlicher Scharfsinn nicht durch Ausdauer zu lösen vermöchte. Ja, tatsächlich, nachdem es mir gelungen war, zusammenhängende und lesbare Schriftzeichen aufzudecken, maß ich der bloßen Schwierigkeit ihrer Entzifferung kaum noch Bedeutung bei.

Im vorliegenden Falle – wie übrigens bei jeder Geheimschrift – galt die erste Frage der *Sprache,* in der die Schrift abgefaßt war; denn das Prinzip der Entzifferung, wenigstens soweit es die einfacheren Geheimschriften anlangt, steht mit gewissen Eigentümlichkeiten des entsprechenden Idioms im engsten Zusammenhang. Um nun die betreffende Sprache ausfindig zu machen, bleibt dem, der die Lösung versucht, nichts anderes übrig als der Reihe nach mit jedem ihm bekannten Idiom den Versuch zu wagen. Bei der vorliegenden Schrift nun war ich durch das Namenszeichen aller Zweifel enthoben. Das Wortspiel »Kidd« ist in keiner anderen Sprache als der englischen möglich. Ohne dieses Hilfsmittel aber hätte ich meine Versuche mit Spanisch oder Französisch eingeleitet, das heißt mit den Sprachen, die ein

Pirat der spanischen Gewässer wohl am ehesten zu schreiben versteht. Wie die Dinge hier jedoch lagen, hielt ich die Schrift für englisch.

Wie Sie sehen, weisen die Zeichen keine Wortzwischenräume auf; wären solche vorhanden gewesen, so hätte ich verhältnismäßig leichte Arbeit gehabt. Dann hätte ich nämlich mit Analysieren und Vergleichen der kürzesten Wörter begonnen, und hätte ich ein Wort von nur einem Buchstaben gefunden, was ziemlich wahrscheinlich war (ein a oder I z.B.), so wäre ich der Lösung gewiß gewesen. Da aber keine Zwischenräume vorhanden waren, war mein erster Schritt, die vorherrschenden wie die am seltensten vorkommenden Buchstaben festzustellen. Nachdem ich alle gezählt, ergab sich folgende Tabelle:

Die Chiffre	8	ist	33 mal vertreten
	;		26 „
	4		19 „
	† und)		16 „
	*		13 „
	5		12 „
	6		11 „
	(		10 „
	+ und 1		8 „
	o		6 „
	9 und 2		5 „
	: und 3		4 „
	?		3 „
	II		2 „
	– und .		1 „

Nun ist im Englischen das e der am häufigsten vorkommende Buchstabe. Die weitere Reihenfolge ist so:
a o i d h n r s t u y c f g l m w b k p q x z.
E ist in so auffallender Weise vorherrschend, daß es kaum einen Satz gibt, in dem es nicht der häufigste Buchstabe ist.

So haben wir nun also gleich zu Anfang die Grundlage für etwas, das mehr als bloßes Erraten ist. Wie solche Tabelle ange-

wendet wird, ist leicht ersichtlich – für die vorliegende Schrift
aber werden wir ihrer Hilfe nur teilweise bedürfen. Da unser
vorherrschendes Zeichen 8 ist, so wollen wir damit beginnen, es
als das e des Alphabetes anzusehen. Um die Richtigkeit dieser
Annahme nachzuprüfen, wollen wir sehen, ob 8 häufig paarweise steht – denn e findet im Englischen oft paarweise Anwendung, z. B. in Worten wie »MEET«, »FLEET«, »SPEED«, »SEEN«,
»BEEN«, »AGREE« usw. Hier in unserem Fall erscheint es nicht
weniger als fünfmal paarweise, trotzdem die Aufzeichnung nur
kurz ist.

Nehmen wir also an, 8 sei e. Nun ist von allen *Worten* der englischen Sprache der Artikel the das häufigste; wir wollen darum
nachsehen, ob wir nicht mehrmals drei in gleicher Reihenfolge
stehende Zeichen finden, deren letztes 8 ist. Finden wir mehrere
so angeordnete drei Buchstaben, so ist mit ziemlicher Sicherheit
anzunehmen, daß sie das Wort the vorstellen. Bei Nachprüfung
finden wir nicht weniger als sieben solcher Zeichenstellungen,
nämlich siebenmal die zusammenhängenden Zeichen ;48. Wir
können daher folgern, daß ; für t, 4 für h und 8 für e steht – was
für das letzte Zeichen schon voll erwiesen ist. So haben wir also
schon einen großen Schritt gewonnen.

Durch Feststellung eines einzigen Wortes aber haben wir
einen sehr wichtigen Punkt festgelegt, nämlich einige Anfänge
und Endungen anderer Worte. Sehen wir uns z. B. die Stelle an,
wo die Kombination ;48 zum vorletzten Male vorkommt – fast
am Ende der Aufzeichnung. Wir wissen, daß das unmittelbar
daran anschließende ; den Anfang eines Wortes bildet, und von
den auf das the folgenden sechs Schriftzeichen sind uns nicht
weniger als fünf bekannt. Schreiben wir uns also die Buchstaben,
die sie vorstellen sollen, auf, indem wir für den uns noch unbekannten einen kleinen Zwischenraum frei lassen.

T EETH

Hier können wir sofort feststellen, daß wir das THE vorläufig
unberücksichtigt lassen müssen, da es unmöglich einen Teil von

dem mit t anfangenden Worte bilden kann. Dies ergibt sich leicht, wenn wir auf der Suche nach dem einzusetzenden Buchstaben das ganze Alphabet durchgehen. Wir sind also auf das

T EE

beschränkt, und wenn wir nun nochmals das Alphabet durchgehen, kommen wir auf das Wort TREE als einzig mögliche Lesart. Wir gewinnen so einen neuen Buchstaben, dargestellt durch das Zeichen (, und die nebeneinander stehenden Worte THE TREE.

Wenn wir nun ein kurzes Stückchen weiterblicken, so sehen wir wieder die Kombination ;48. Setzen wir an unsere gefundenen zwei Worte die darauf folgenden Zeichen an und bilden mit dem nächsten THE den Schluß.

THE TREE ; 4 († ? 34 THE

Nach Einsetzung der uns bereits bekannten Buchstaben erhalten wir

THE TREE THR † ? 3 H THE

Lassen wir nun an Stelle der unbekannten Zeichen entsprechenden Raum oder setzen wir Punkte ein, so lesen wir

THE TREE THR ... H THE

wodurch wir sofort auf das Wort THROUGH geraten. Diese Entdeckung verschafft uns wieder drei neue Buchstaben, nämlich o, u und g, dargestellt durch † ? und 3.

Wenn wir jetzt die Geheimschrift nach Zusammenstellung bekannter Zeichen genau durchsehen, finden wir nicht weit vom Anfang diese Anordnung

83(88 = EGREE

was offenbar der Schluß des Wortes DEGREE sein soll und uns wiederum einen Buchstaben gibt, nämlich d, dargestellt durch +.

Vier Buchstaben hinter dem Wort DEGREE sehen wir die Kombination

Indem wir die bekannten Zeichen übersetzen und die unbekannten wie vorher durch Punkte markieren, lesen wir dies:

TH . RTEE .

eine Zusammenstellung, die sofort auf das Wort THIRTEEN führt und uns wiederum zwei neue Zeichen erklärt: 6 = i und * = n.

Wenden wir uns nun dem Anfang der Geheimschrift zu, so finden wir die Kombination

5 3†† +

Wie vorher übersetzend erhalten wir

. GOOD

was uns den ersten Buchstaben als a erkennen läßt und die ersten beiden Worte als

A GOOD

Nun ist es Zeit, daß wir unsern Schlüssel, soweit wir ihn entdeckt haben, zu einer Tabelle formulieren, um Irrtümer zu vermeiden. Sie wird so aussehen:

5 = a
+ = d
8 = e
3 = g
4 = h
6 = i
* = n
† = o
(= r
; = t

Wir haben also nicht weniger als zehn der wichtigsten Buchstaben festgestellt, und es ist wohl unnötig, die einzelnen Abschnitte der Auflösung weiterhin zu entwickeln. Ich habe genug gesagt, um Sie zu überzeugen, daß Geheimschriften solcher Art leicht enträtselbar sind, und Ihnen einen Einblick in das anzuwendende Verfahren zu geben. Behalten Sie aber immer im Auge, daß die uns vorliegende Geheimschrift zu den allereinfachsten ihrer Art gehört. Es bleibt nun nur noch übrig, Ihnen die vollständige Übersetzung der Pergamentnotiz zu geben. Hier ist sie:

A GOOD GLASS IN THE BISHOP'S HOSTEL IN THE DEVIL'S SEAT FORTY-ONE DEGREES AND THIRTEEN MINUTES NORTHEAST AND BY NORTH MAIN BRANCH SEVENTH LIMB EAST SIDE SHOOT FROM THE LEFT EYE OF THE DEATH'S HEAD A BEE LINE FROM THE TREE THROUGH THE SHOT FIFTY FEET OUT.*

»Aber«, sagte ich, »das Rätsel scheint noch geradeso unentwirrbar wie vorher. Wie ist es möglich, aus all diesem Kauderwelsch von DEVIL'S SEATS, DEATH'S-HEADS und BISHOP'S HOSTEL einen Sinn herauszutüfteln?«

»Ich gestehe«, erwiderte Legrand, »daß die Sache noch immer bedenklich aussieht, wenn man sie nur oberflächlich betrachtet. Mein erstes Bemühen war, das Ganze in die vom Schreiber gemeinten Einzelsätze zu zerlegen.«

»Sie meinen, es zu interpunktieren?«

»Ungefähr ja.«

»Wie aber konnten Sie das bewerkstelligen?«

»Ich sagte mir, daß der Schreiber mit der Fortlassung jeglicher Interpunktion einen besonders schlauen Trick beabsichtigte, um die Entzifferung der Geheimschrift zu erschweren. Nun wird aber ein nicht allzu durchtriebener Kopf sich sicherlich durch Übertreibung der Sache verraten, wenn er beim Niederschreiben einen Gedanken erledigt hat, dies also durch eine Lücke oder einen Punkt angezeigt werden müßte, so wird er sicherlich gerade hier seine Zeichen mehr als nötig aneinanderrücken. Wenn Sie das Manuskript prüfen, so werden Sie mit Leichtigkeit fünf

---

* Deutsch: Ein gut Glas in des Bischofs Haus in des Teufels Sitz einundvierzig Grad und dreizehn Minuten nordöstlich und gen Nord Hauptast siebenter Arm Ostseite schieße durch linkes Auge des Totenkopfs eine Meßschnur von dem Baum durch den Schuß fünfzig Fuß hinaus.

solcher ungewöhnlich zusammengedrängten Stellen wahrnehmen. Diesem Wink folgend, trennte ich die Sache so:

A GOOD GLASS IN THE BISHOP'S HOSTEL IN THE DEVIL'S SEAT − FORTY-ONE DEGREES AND THIRTEEN MINUTES − NORTHEAST AND BY NORTH − MAIN BRANCH SEVENTH LIMB EAST SIDE − SHOOT FROM THE LEFT EYE OF THE DEATH'S HEAD − A BEE LINE FROM THE TREE THROUGH THE SHOT FIFTY FEET OUT.

»Selbst diese Trennung«, sagte ich, »läßt mich im Dunkeln.«

»Auch mich ließ es zunächst im Dunkeln«, erwiderte Legrand; »mehrere Tage lang bemühte ich mich in der Gegend von SULLIVANS ISLAND vergeblich um Auskunft über irgendein Gebäude, das den Namen BISHOP'S HOTEL führe; den veralteten Ausdruck HOSTEL hatte ich natürlich fallen lassen. Da ich durchaus keine Auskunft erhalten konnte, wollte ich gerade den Umkreis meines Forschungsgebietes erweitern und überhaupt systematischer vorgehen, als es mir eines Morgens ganz plötzlich in den Sinn kam, daß dies BISHOP'S HOSTEL mit einer alten Familie namens BESSOP zusammenhängen könne, die in langvergangener Zeit etwa vier Meilen nordwärts von der Insel einen Herrensitz gehabt hatte. Ich begab mich also in die Pflanzungen hinüber und setzte dort meine Nachfrage unter den ältesten Negern fort. Endlich erzählte eine bejahrte Frau, daß sie von so einem Ort wie BESSOP'S CASTLE reden gehört habe und daß sie auch glaube, mich hinführen zu können; es sei aber weder ein Schloß noch eine Schenke, sondern ein hoher Fels.

Ich bot ihr eine gute Belohnung an, und nach einigem Zögern willigte sie ein, mich zu der Stelle hinzuführen. Wir fanden sie ohne viel Schwierigkeit, und ich entließ das Weib und machte mich daran, den Platz zu untersuchen. Das ›Schloß‹ bestand aus einer unregelmäßigen Anhäufung von Klippen und Felsen – deren einer sowohl durch seine besondere Höhe als auch durch seine freie Lage und seltsame Form bemerkenswert war. Ich kletterte auf seinen Gipfel und war nun recht im Zweifel, was fernerhin zu tun sei.

Während ich so nachsann, fielen meine Blicke auf einen schmalen Vorsprung an der Ostseite des Felsens, etwa ein Meter unter der höchsten Spitze, auf der ich stand. Dieser Vorsprung hatte eine Ausladung von etwa achtzehn Zoll, und seine Breite betrug nur einen Fuß, während eine Vertiefung in dem ihn überragenden Felsstück dem Ganzen eine gewisse Ähnlichkeit mit den tieflehnigen Sesseln lieh, wie sie bei unsern Altvordern gebräuchlich waren. Ich zweifelte nicht, den im Manuskript erwähnten ›Teufelssitz‹ gefunden zu haben, und vermeinte nun auch das ganze Geheimnis in Händen zu halten.

Das ›gut Glas‹ konnte sich, wie ich wußte, nur auf ein Teleskop beziehen; denn das Wort ›Glas‹ wird von Seeleuten kaum je in anderem Sinn angewendet. Ich sah also gleich, daß hier ein Teleskop vonnöten war, sowie zu seiner Anwendung ein fester Standort, der *nicht die geringste Abweichung* zuließe. Ich wußte nun ferner, daß die Bezeichnung ›einundvierzig Grad und dreizehn Minuten‹ und ›nordöstlich und gen Norden‹ Richtungsangaben zur Einstellung des Glases bedeuteten. Mächtig aufgeregt durch diese Entdeckungen eilte ich heim, holte ein Teleskop und kehrte auf den Felsen zurück.

Ich ließ mich auf den Vorsprung hinabgleiten und fand, daß man nur an einer einzigen Stelle sich sitzend auf ihn niederlassen konnte. Diese Tatsache bestätigte meine vorgefaßte Meinung. Ich suchte nun das Glas einzustellen. Natürlich konnten die Worte ›einundvierzig Grad und dreizehn Minuten‹ sich nur auf die Höhenlage über dem sichtbaren Horizont beziehen, da die Stelle am Horizont schon durch die Worte ›nordöstlich und gen Nord‹ fest bezeichnet war. Diese letztere Richtung gewann ich ohne jede Schwierigkeit mit Hilfe meines Taschenkompasses. Ich suchte nun, so gut ich konnte, das Glas in einen Winkel von einundvierzig Grad zu bringen und bewegte es ganz langsam auf und nieder, bis meine Aufmerksamkeit durch eine kreisrunde Lücke im Laubwerk eines großen Baumes, der alle andern in der Ferne überragte, gefesselt wurde. Im Mittelpunkt dieser Lücke sah ich einen weißen Fleck, konnte aber zuerst nicht erkennen, was es war. Ich stellte das Teleskop noch schärfer ein, blickte wieder hindurch und kam nun dahinter, daß es ein Menschenschädel sei.

Bei dieser Entdeckung hatte ich die feste Zuversicht, das Rätsel als gelöst betrachten zu dürfen; denn die Angaben ›Hauptast, siebenter Arm, Ostseite‹ konnten sich nur auf den Standort des Schädels auf dem Baume beziehen, während ›schieße durch linkes Auge des Totenkopfs‹ auch nur eine einzige Beziehung haben konnte, nämlich auf den vergrabenen Schatz selbst. Ich sah, daß die Vorschrift besagte, durch das linke Auge sei eine Kugel hindurchzuwerfen und von der zunächst liegenden Stelle des Stammes durch den ›Schuß‹ (oder die Stelle, wo die Kugel niedergefallen) und noch fünfzig Fuß darüber hinaus eine schnurgerade Linie zu ziehen, was einen ganz bestimmten Punkt ergeben mußte. Und dort – unter diesem Punkt – ich hielt das wenigstens für möglich – mußte ein Gut von Wert verborgen liegen.«

»Alles dies«, sagte ich, »ist durchaus klar und, obschon geistreich ausgeklügelt, doch einfach und verständlich. Doch als Sie des ›Bischofs Haus‹ verließen – was dann?«

»Nun, nachdem ich mir die Lage des Baumes gut gemerkt hatte, ging ich nach Haus. Sowie ich aber ›des Teufels Sitz‹ verlassen hatte, war die kreisrunde Lücke verschwunden, und wie ich mich auch drehte und wendete, ich konnte sie nicht wieder entdecken. Was mir der Hauptwitz an der ganzen Sache schien, war die Tatsache (denn wiederholtes Experimentieren überzeugte mich, daß es Tatsache war), daß die betreffende kreisrunde Öffnung von keinem anderen Punkte sichtbar ist als von dem schmalen Vorsprung auf dem Felsengipfel. Bei diesem Ausflug nach ›des Bischofs Haus‹ war ich von Jupiter begleitet gewesen, der zweifellos schon seit Wochen mein tiefsinniges Wesen bemerkt hatte und große Sorge trug, mich nicht allein zu lassen. Am anderen Tage aber stand ich ganz früh auf, und es gelang mir, ihm auszureißen; ich begab mich in das Hügelgelände, um den Baum zu suchen. Nach vieler Mühe fand ich ihn. Als ich in jener Nacht heimkam, wollte mein Diener mich durchprügeln. Mit dem Rest des Abenteuers sind Sie ja ebenso bekannt wie ich.«

»Ich vermute«, sagte ich, »Sie verfehlten die Stelle bei unserer ersten Nachgrabung durch Jupiters Dummheit, der den Käfer durch das rechte anstatt durch das linke Auge des Schädels fallen ließ.«

»Ganz recht. Dieser Mißgriff ergab eine Differenz von etwa zweieinhalb Zoll im ›Schuß‹, das heißt in der Stellung des Pflocks zum Baum; und hätte sich der Schatz *unter* dem ›Schuß‹ befunden, so wäre der Irrtum ohne Bedeutung gewesen. Aber der ›Schuß‹ nebst dem nächsten Punkt des Baumes waren lediglich zwei Punkte zur Aufstellung einer Richtungslinie; so gering der Irrtum anfänglich auch gewesen, so sehr vergrößerte er sich bei Fortführung der Linie und warf uns, als wir fünfzig Fuß erreicht hatten, ganz aus der Spur. Hätte ich nicht die tiefinnerliche Überzeugung gehabt, daß hier herum tatsächlich ein Schatz vergraben sei, so wäre alle unsere Arbeit umsonst gewesen.«

»Aber Ihr großartiges Auftreten und Ihr merkwürdiges Getue mit dem Käfer, das Hinundherschwingen – wie sonderbar war dies alles! Ich war überzeugt, Sie seien verrückt. Und warum bestanden Sie darauf, statt einer Flintenkugel den Käfer durch den Schädel fallen zu lassen?«

»Ja – offengestanden ärgerte mich Ihr ewiger Argwohn in betreff meiner Gesundheit, und ich beschloß daher, Sie auf meine Weise durch ein bißchen Mystifikation zu bestrafen. Aus diesem Grunde schwenkte ich den Käfer, und aus diesem Grunde ließ ich gerade ihn vom Baum werfen. Eine Bemerkung Ihrerseits über sein großes Gewicht brachte mich auf diesen Gedanken.«

»Ja, ich verstehe. Und nun ist mir noch eins unklar. Was sollen wir von den Gerippen halten, die wir in der Grube fanden?«

»Das ist eine Frage, die ich ebensowenig beantworten kann wie Sie selbst. Es gibt jedoch nur eine einzige einleuchtende Erklärung – ist es auch noch so gräßlich, der entsetzlichen Vermutung, die ich aufstellen will, Glauben zu schenken. Es ist klar, daß Kidd – wenn eben, was ich nicht bezweifle, er es war, der den Schatz vergrub – ich sage, es ist klar, daß er Helfer bei der Arbeit gehabt haben muß. Nach Beendigung der Arbeit mag er es aber für ratsam gehalten haben, alle Mitwisser des Geheimnisses beiseite zu schaffen. Vielleicht genügten wenige Beilhiebe, während seine Mithelfer in der Grube tätig waren – vielleicht war auch ein Dutzend nötig – wer kann es sagen?«

König Pest

Unter der Regierung des ritterlichen Königs Eduard III. ereignete es sich eines Mitternachts im Oktober, daß zwei Matrosen des Handelsschooners »Frei und Leicht«, der regelmäßig zwischen Sluys und der Themse hin und her fuhr und nun in diesem Fluß vor Anker lag, sich zu ihrem eigenen Erstaunen in der Trinkstube eines Bierhauses der Gemeinde St. Andreas in London sahen – eines Bierhauses, das als Wahrzeichen einen lustigen Matrosen im Schilde führte.

Das dürftig eingerichtete, rauchgeschwärzte Zimmer mit der niedrigen Decke, das auch in allem anderen durchaus den Charakter wahrte, wie er zur damaligen Zeit solchen Lokalen eigen war, schien den sonderbaren Gästen, die in Gruppen herumsaßen, für seine Bestimmung ganz geeignet.

Von diesen Gruppen bildeten unsere zwei Schiffer wohl die interessanteste.

Der eine, der der ältere zu sein schien und den sein Genosse bezeichnenderweise »Bein« nannte, war bei weitem der größere von beiden. Er mochte sechseinhalb Fuß haben, und ein gewohnheitsmäßiges Vornüberbeugen war wohl die notwendige Folge einer so gewaltigen Länge. Dies Zuviel einerseits wurde jedoch durchs anderweitige Zuwenig mehr als ausgeglichen. Er war auffallend mager und hätte, wie seine Kameraden versicherten, als Wimpel an der Mastspitze hängen oder auch als Klüverbaum dienen können. Doch diese und andere ähnliche Scherze hatten anscheinend auf die Lachmuskeln des Matrosen nicht die geringste Wirkung auszuüben vermocht. Mit seinen starken Backenknochen, der großen Hakennase, dem zurücktretenden Kinn, dem hängenden Unterkiefer und den großen hervorquellenden Augen blieb der Ausdruck seines Gesichts allen Neckereien zum Trotz ernst und feierlich – um nicht zu sagen gleichgültig gegen alles.

Der jüngere Seemann war in seiner äußeren Erscheinung das gerade Gegenteil seines Gefährten. Seine Höhe betrug keine vier

Fuß. Ein paar stämmige, krumme Beine trugen seine gedrungene, schwerfällige Gestalt, während seine ungewöhnlich kurzen und dicken Arme, an deren Enden viel zu kleine Fäuste saßen, zu beiden Seiten herabschlenkerten wie die Flossen einer Meerschildkröte. Kleine Augen von unbestimmter Farbe zwinkerten aus einer runden und rosigen Fleischmasse hervor, in der die kurze Nase fast begraben lag; und seine dicke Oberlippe ruhte auf der noch dickeren Unterlippe mit einem Ausdruck großer Selbstgefälligkeit, der noch dadurch erhöht wurde, daß ihr Besitzer die Gewohnheit hatte, sie oft zu lecken. Für seinen langen Freund hatte er offenbar ein Gefühl, bei dem sich Bewunderung und Spott die Wage hielten, und gelegentlich starrte er zu seinem Antlitz auf wie die rot untergehende Sonne zu den Felsenhöhen von Ben Newis.

Die Wanderung dieses würdigen Paares durch die Schenken der Nachbarschaft war gründlich und abenteuerlich gewesen; doch selbst die reichste Quelle versiegt einmal, und so hatten unsere Freunde nun diese letzte Schenke mit leeren Taschen betreten.

Zur Zeit, da diese Geschichte beginnt, saßen Bein und sein Kamerad, Hugo Tarpaulin, am langen Eichentisch in der Mitte der Gaststube mit aufgestützten Ellenbogen da. Sie starrten hinter einer riesigen Kanne voll Starkbier zu den gewichtigen Worten »Hier wird nicht angekreidet« empor, die zu ihrer Verwunderung und Entrüstung über der Türe geschrieben standen – und zwar vermittels eben jenes Minerals, dessen Vorhandensein sie ableugneten. Nicht etwa, daß einer dieser Seebären die Gabe besessen hätte, Geschriebenes entziffern zu können – eine Gabe, die dem gemeinen Volk jener Tage kaum weniger kabbalistisch dünkte als die der Rednerkunst –, aber die Buchstaben waren so seltsam verschnörkelt, hatten eine so bedenklich schiefe Neigung leewärts, daß sie den Schiffern schlechtes Wetter anzuzeigen schienen; sie beschlossen daher, um die bezeichnenden Worte Beins anzuwenden, »Wasser auszupumpen, alle Segel aufzugeien und vor dem Wind zu treiben«.

Nachdem sie also den Rest des Bieres passend untergebracht und die Enden ihres kurzen Kamisols hochgenommen hatten, machten sie einen Ausfall nach der Straße. Wenngleich Tarpaulin zweimal in die Feuerstelle rollte, die er irrtümlich für die Türe hielt, so glückte ihnen schließlich doch die Flucht, und gerade als es halb eins schlug, rannten unsere Helden, zu allen Schandtaten bereit, die dunkle Straße hinunter, die zur Sankt-Andreas-Treppe führte – und hinter ihnen her lief scheltend die Wirtin vom »Lustigen Matrosen«.

Zur Zeit dieser ereignisreichen Geschichte, wie auch Jahre vorher und danach, schallte durch ganz England, besonders aber in der Hauptstadt, der Angstschrei: »Die Pest!« Die Stadt war stark entvölkert – und in den schrecklichen Bezirken an den Ufern der Themse, von wo inmitten enger, dunkler und schmutziger Gassen der Dämon dieser Krankheit, wie es hieß, seinen Ausgang genommen hatte, herrschten in einsamer Größe Grauen und Entsetzen und Aberglaube.

Durch den Machtspruch des Königs war über diese Orte damals der Bann gesprochen und ihr Betreten bei Todesstrafe verboten worden. Doch weder das Gebot des Königs noch die riesigen Schranken, die den Zugang zu diesen Straßen versperrten, noch der Anblick jenes ekelhaften Todes, der mit fast unumstößlicher Gewißheit den Elenden befiel, dem keine Gefahr die Abenteuerlust benahm, schützten die verlassenen Wohnungen vor nächtlichen Beutezügen, die dort nach Eisenteilen und sonstigen zurückgebliebenen Dingen, die irgendwie verwertbar waren, unternommen wurden.

Alljährlich, wenn der Winter kam und die Schranken geöffnet wurden, stellte es sich heraus, daß Schlösser, Riegel und verborgene Gelasse den reichen Vorräten an Wein und Branntwein nur wenig Schutz geboten hatten, die von den Händlern, deren Geschäftsräume in der Nähe lagen, für die Dauer der Verbannung in so unzulänglicher Obhut belassen worden waren.

Doch nur sehr wenige von der erschreckten Bevölkerung glaubten, daß Menschenhände hier am Werk gewesen. Pestgeister, Seuchengespenster und Fieberdämonen waren die volkstümlichen Unglücksbringer; und so blutrünstige Geschichten wurden berichtet, daß dieses ganze verbotene Viertel in Schauer gehüllt war wie in ein Leichentuch, und nicht selten der Plünderer selbst von dem Grausen, das seine Taten erst geweckt hatten, hinweggetrieben wurde, und der ganze große verpönte Stadtteil in Dunkel und Stille der Pest und dem Tode überlassen war.

Eine der gewaltigen Schranken also, die anzeigten, daß der Ort dahinter dem Pestbann unterworfen sei, versperrte plötzlich dem biederen Tarpaulin und seinem Freunde Bein den Weg. Umkehr war ausgeschlossen, und Zeit war nicht zu verlieren, denn die Verfolger waren ihnen dicht auf den Fersen. Einem rechten Seemann ist es ein kleines, solch rauhes Plankenwerk zu überklettern, und in der doppelten Aufregung der Flucht und des Branntweins sprangen sie ohne Zögern in die versperrten Gassen hinab, deren widerliche Winkelgänge sie in trunkenem Lauf mit Schreien und Rufen durchirrten.

Wären sie nicht so bis zur Bewußtlosigkeit betrunken gewesen – ihre taumelnden Füße hätten inmitten dieses Grauens wie gelähmt sein müssen. Die Luft war kalt und neblig. Die Pflastersteine lagen aufgewühlt im hohen fetten Gras. Zusammengestürzte Häuser blockierten die Straßen; ekle, giftige Dünste stiegen auf – und in dem gespenstischen Schein, der selbst um Mitternacht einer feuchten und verseuchten Atmosphäre entsteigt, konnte man in den Winkeln und Gassen und in den fensterlosen Behausungen den Leichnam manch eines nächtlichen Plünderers faulen sehen, den die Seuche mitten bei seinen Räubereien ereilt hatte.

Aber weder diese Bilder noch irgendwelche räumlichen Hindernisse hatten Macht, den Lauf von Männern aufzuhalten, die, von Natur aus tapfer, gerade jetzt von übermütiger Kühnheit und Starkbier überschäumten und in ihrem gegenwärtigen Zustand ohne Zögern in den Rachen des Todes gerannt sein würden. Vorwärts – immer vorwärts stelzte der grimmige Bein, und die trostlose Einöde hallte wider von seinen Schreien, die wie

146

der grausige Schlachtruf der Indianer aufgellten. Und vorwärts – immer vorwärts rollte der dicke Tarpaulin am Rockschoß seines lebhafteren Gefährten und überbot dessen emsige Gesangstätigkeit mit seinem donnergrollenden Baß, der aus den Tiefen seiner gewaltigen Lungen dröhnte.

Sie waren nun offenbar ins innerste Lager der Pest vorgedrungen. Mit jedem taumelnden Schritt wurde ihr Weg widerlicher und grausiger – wurden die Pfade enger und ungangbarer. Riesige Steine und Balken, die von den verrotteten Dächern herabstürzten, ließen durch ihren dumpfen, schweren Fall erkennen, wie hoch die dunklen Häusermassen waren; und da wirkliche Tatkraft dazu gehörte, sich durch die Unrathaufen einen Weg zu bahnen, so geschah es keineswegs selten, daß die Hand ein Skelett oder eine weiche Leichenmasse berührte.

Plötzlich, als die Matrosen gegen das Tor eines hohen, gespenstischen Hauses taumelten und aus der Kehle des aufgeregten Bein ein Ruf, noch schriller als bisher, emporgellte, kam ihnen aus dem Innern Antwort in seltsamen, gelächterähnlichen höllischen Schreien. Wen hätten Töne solcher Art, zu solcher Stunde und an solchem Orte nicht entsetzt? Wem hätten sie nicht das Blut in den Adern erstarren gemacht? Das trunkene Paar aber stürzte kopfüber gegen das Tor, warf es auf und stolperte mit einer Ladung von Flüchen mitten hinein in die Ereignisse.

Der Raum, in dem sie sich befanden, schien der Laden eines Leichenbesorgers zu sein; doch eine offene Falltür, die sich dicht beim Eingang im Boden befand, zeigte dem Blick eine lange Reihe von Weinkellern, die, nach dem gelegentlichen Knall zerplatzender Flaschen zu schließen, mit angemessenem Trinkstoff gut versorgt zu sein schienen. Inmitten des Raumes stand ein Tisch und auf ihm ein riesiges Gefäß mit einer punschähnlichen Flüssigkeit.

Flaschen mit den verschiedensten Weinen und Likören, Kannen, Krüge und Gefäße von jeder Form und Größe waren zahlreich über den Tisch verstreut, um den herum auf Sargböcken eine Gesellschaft von sechs Personen saß. Diese Gesellschaft will ich, so gut es geht, im einzelnen beschreiben.

Der Eingangstüre gegenüber und ein wenig höher als die andern saß eine Persönlichkeit, die der Präsident der Tafelrunde zu sein schien. Die Gestalt war hoch und hager, und Bein war verblüfft, hier jemanden zu finden, der ihn selbst noch überragte. Das Gesicht war gelb wie Safran, doch waren seine Züge, bis auf eine Ausnahme, in keiner Hinsicht so bemerkenswert, um eine Beschreibung zu rechtfertigen. Diese eine Ausnahme war eine ungewöhnlich und grausig hohe Stirn, die aussah wie eine dem natürlichen Kopf aufgesetzte Fleischmütze oder -krone. Der Mund war eingefallen und zu einem gewissen gespenstischen Ausdruck von Leutseligkeit verzogen, und die Augen waren, gleich den Augen aller am Tisch, trüb und starr von Trunkenheit. Der ganze Mann war von Kopf zu Fuß in ein reichbesticktes schwarzsamtenes Bahrtuch gehüllt, das er wie einen spanischen Mantel umgeworfen hatte. Von seinem Kopfe nickten schwarze Trauerfedern, die er mit würdiger und listiger Miene hin und her schwenkte; und in der rechten Hand hielt er ein mächtiges menschliches Schenkelbein, mit dem er soeben durch Aufschlagen auf den Tisch einen aus dem Kreise zum Singen aufgefordert zu haben schien.

Ihm gegenüber und mit dem Rücken zur Türe saß eine Dame, die ihm an Seltsamkeit kein Jota nachstand. Wenngleich sie ebenso groß war wie er, konnte sie sich nicht über ebensolche unnatürliche Magerkeit beklagen. Sie schien im letzten Stadium der Wassersucht zu sein, und ihr Antlitz gleich dem mächtigen Faß voll Oktoberbier, das dicht an ihrer Seite in einer Zimmerecke stand. Ihr Gesicht war unglaublich rund, rot und voll und hatte dieselbe Eigenart oder vielmehr denselben Mangel an Eigenart, den ich schon beim Präsidenten erwähnte, d.h. nur ein einziger Zug in ihrem Gesicht war ausgeprägt genug, um besondere Erwähnung zu verdienen. Übrigens bemerkte der aufmerksame Tarpaulin sofort, daß man von jedem der Anwesenden dasselbe sagen konnte; jeder schien das Monopol auf eine besondere

Eigenart in der Gesichtsbildung zu besitzen. Bei der in Rede stehenden Dame war es der Mund. Er begann am rechten Ohr und schwang sich in einer schauerlich klaffenden Spalte zum linken hinüber, so daß die kurzen Gehänge, mit denen sie die Ohrläppchen geschmückt hatte, fortwährend in die Öffnung tauchten. Sie war jedoch unablässig bemüht, den Mund geschlossen zu halten und würdig auszusehen in ihrem frisch gestärkten und gebügelten Leichenhemd, das mit einer steifen Batistkrause dicht unterm Kinn abschloß.

Zu ihrer Rechten saß eine winzige junge Dame, die sie in ihre Obhut genommen zu haben schien. Dieses zierliche Geschöpf, dessen abgemagerte Finger zitterten, dessen Lippen bleigrau waren und dessen leichenblasse Wangen hektische rote Flecke trugen, machte den unverkennbaren Eindruck, von der galoppierenden Schwindsucht ergriffen zu sein. Dabei war ihre ganze Erscheinung durchaus vornehm; sie trug mit anmutiger Nachlässigkeit ein weites, schönes Sargtuch aus feinstem indischen Schleierleinen; ihr Haar hing in Ringeln auf den Nacken; ihre Lippen umspielte ein sanftes Lächeln; aber ihre Nase – eine lange, dünne, krumme, biegsame und sinnige Nase – hing tief über die Unterlippe herab und gab ihrem Antlitz, ungeachtet der zierlichen Weise, mit der ihre Zunge die Nase dann und wann zur Seite schob, einen etwas zweideutigen Ausdruck.

Ihr gegenüber und zur Linken der wassersüchtigen Dame saß ein kleiner, aufgeblasener, keuchender und gichtiger Alter, dessen Wangen wie zwei riesige Blasen voll Portwein auf seinen Schultern ruhten. Mit gekreuzten Armen und einem fest bandagierten Bein, das auf dem Tische lag, hielt er sich anscheinend zu tiefsinnigen Betrachtungen berechtigt. Er war sichtlich stolz auf jeden Zoll seiner persönlichen Erscheinung, schien aber noch größeres Entzücken darin zu finden, die Aufmerksamkeit auf seinen lustigbunten Überrock zu lenken. Dieser mußte ihn nicht wenig Geld gekostet haben und war ihm wie auf den Leib geschnitten – aus einem jener seltsam bestickten Seidenüberzüge, mit denen man in England und auch anderswo, wenn ein Adelsgeschlecht ausgestorben ist, das Wappenschild an seinem Stammsitz zu drapieren pflegt.

Neben ihm und rechts vom Präsidenten saß ein Herr in langen weißen Strümpfen und baumwollenen Hosen. Seine Gestalt schwankte in lächerlicher Weise hin und her, in einem Anfall, den Tarpaulin mit »Katzenjammer« bezeichnete. Seine frischrasierten Kinnbacken waren mit einer Musselinbinde fest hinaufgebunden; und seine Arme waren auf ähnliche Weise an den Handgelenken gefesselt, so daß er den Getränken auf dem Tisch nicht allzu kräftig zusprechen konnte – eine Vorsichtsmaßregel, die nach Ansicht von Bein durchaus angemessen war, so versoffen war sein Antlitz. Ein paar gewaltige Ohren, die beim besten Willen nicht verborgen werden konnten, türmten sich in den Raum empor und zuckten jedesmal krampfhaft zusammen, wenn ein neuer Pfropfen knallte.

Ihm gegenüber, als Sechster und Letzter, befand sich einer in sehr steifer Haltung, der – gelähmt wie er war – sich in seiner unbequemen Kleidung wenig behaglich gefühlt haben muß. Er war recht unangemessen mit einem neuen und hübschen Mahagonisarg bekleidet, dessen Kopfende dem Träger den Schädel drückte und in Art einer Haube darüber hinausragte, was dem ganzen Antlitz einen unbeschreiblichen Reiz verlieh. In die Seiten des Sarges waren nicht sowohl aus Schönheitsgründen als zur Bequemlichkeit Armlöcher eingeschnitten; nichtsdestoweniger aber verhinderte das Kleid seinen Besitzer, so aufrecht dazusitzen wie seine Gefährten; und wie er so in einem Winkel von fünfundvierzig Grad sich rückwärts an seine Bahre lehnte, verdrehten ein Paar ungeheurer gestielter Augen ihr grauenhaftes Weiß zur Decke – in höchster Verblüffung über ihre eigene Riesenhaftigkeit.

Vor jedem aus der Tafelrunde lag ein Schädel, der als Trinkbecher diente. Über dem Tisch hing ein menschliches Skelett, dessen eines Bein vermittels eines Stricks an einem Haken in der Decke befestigt war. Das andere Bein stand in rechtem Winkel vom Rumpfe ab und veranlaßte, daß das ganze leichte und klappernde Gestell bei jedem launischen Windstoß, der hereinirrte, herumwirbelte. In der Schädelhöhle dieses widerlichen Dinges lag eine Anzahl glühender Kohlen, die die ganze Szenerie feurig beleuchteten, indes Särge und andere zum Laden eines Leichenbesorgers gehörigen Gegenstände an Wänden und Fenstern aufgestapelt lehnten und verhinderten, daß etwa ein Lichtstrahl auf die Straße dringe.

Beim Anblick dieser merkwürdigen Versammlung und ihrer noch merkwürdigeren Geräte bewiesen unsere Seeleute nicht gerade jenen Anstand, den man hier erwartet zu haben schien. Bein lehnte sich, da wo er stand, an die Wand, ließ seinen Unterkiefer noch tiefer als gewöhnlich hängen und sperrte die Augen auf, so weit er konnte, indessen Hugo Tarpaulin sich in die Knie beugte, bis seine Nase in gleicher Höhe mit dem Tische war, die Fäuste auf die Knie stemmte und in ein langes und geräuschvolles, höchst unziemliches Gelächter ausbrach.

Der lange Präsident aber, durch dieses ungezogene Benehmen keineswegs beleidigt, lächelte die Eintretenden liebenswürdig an – nickte ihnen mit seinem Kopf voll Trauerfedern zu – stand auf, nahm jeden von ihnen beim Arm und führte ihn zu einem Sitz, den ein anderer der Versammelten inzwischen für ihn bereitgestellt hatte. Bein ließ alles dies widerstandslos mit sich geschehen und nahm dort Platz, wo man ihn hingeführt hatte; der galante Hugo aber ergriff das Sarggestell, das man ihm am Kopfende des Tisches zugewiesen hatte, und rückte es neben die schwindsüchtige junge Dame in dem Sargtuch aus indischem Schleierleinen. Hier an ihrer Seite ließ er sich fröhlich nieder, goß sich einen Schädelbecher voll Rotwein ein und leerte ihn auf ihre Gesundheit. Diese Vermessenheit aber empörte den steifen Herrn im Sarg aufs höchste, und es hätte leicht zu ernsten Folgen kommen können, wenn nicht der Präsident mit seinem Schenkelbein auf den Tisch gehauen und die Aufmerksamkeit der Anwesenden für die folgende Rede in Anspruch genommen hätte:

»Es wird uns zur Pflicht, das gegenwärtige fröhliche Ereignis –«

»Halt da!« unterbrach ihn Bein mit ernster Miene, »halt da, sage ich, und meldet mal erst, wer zum Teufel ihr eigentlich seid und was ihr hier zu tun habt! Ihr seht ja aus wie leibhaftige Teufelsbraten! Wie kommt ihr dazu, den Wein zu mausen, den mein ehrenwerter Schiffskamerad, Will Wimble, der Leichenbesorger, sich für den Winter aufgestaut hatte?«

Bei diesem unverzeihlich rüden Benehmen sprang die ganze Gesellschaft entrüstet auf und stieß dieselben höllischen Schreie aus, die zuvor die beiden Seeleute hereingelockt hatten. Der Präsident gewann als erster seine Fassung wieder, wandte sich mit großer Würde zu Bein und begann von neuem:

»Wir sind gern bereit, eine angebrachte Neugier von seiten so vornehmer Gäste, so ungebeten sie auch sein mögen, zu befriedigen. So wißt denn, daß in diesem Reich hier ich der Herrscher bin und mit unumschränkter Gewalt regiere unter dem Titel: König Pest der Erste.

Dieser Raum, den ihr profanerweise als den Laden von Will Wimble, Leichenbesorger, bezeichnet – ein Mann, den ich gar nicht kenne und dessen plebejischer Name mein königliches Ohr noch nie verletzte – dieser Raum, sage ich, ist der Thronsaal unseres Palastes, in dem wir das Wohl des Landes beraten und bei sonstigen heiligen und wichtigen Anlässen zusammenkommen.

Die edle Dame mir gegenüber ist Königin Pest, Unsere durchlauchtigste Gemahlin. Die anderen erhabenen Anwesenden gehören alle zu Unserer Familie und tragen die Abzeichen königlicher Herkunft nebst den respektiven Titeln: Seine Gnaden der Erzherzog Pestherd – Seine Gnaden der Herzog Pestilenz – Seine Gnaden der Herzog Daßdichdiepest – und Ihre Durchlaucht die Erzherzogin Ana-Pest.

Was eure Frage anlangt«, fuhr er fort, »aus welchem Grunde wir hier zu Rate sitzen, so werdet ihr verzeihen, wenn wir entgegnen, daß es sich – und zwar ausschließlich – um Unsere eigenen königlichen Interessen handelt, die für niemanden sonst von Wichtigkeit sind. In Anbetracht der Rechte aber, auf die ihr als Fremde und als unsere Gäste Anspruch erheben könnt, wollen wir noch hinzufügen, daß wir nach vorangegangenen gründlichen Nachforschungen und Erkundigungen heute nacht hier sind, um dem besonderen Geist – der unbegreiflichen Art und Eigenschaft – dieser köstlichen Gaumenlatzung: der Weine, Biere und Liköre Unserer trefflichen Hauptstadt nachzugehen, ihn zu analysieren. Damit folgen wir weniger Unseren eigenen Wünschen, vielmehr dienen wir hiermit der Wohlfahrt jenes unirdischen Herrschers, der uns alle regiert, dessen Reich keine Grenzen kennt und dessen Name ›Tod‹ ist.«

»Dessen Name David Jones ist!« ließ sich Tarpaulin vernehmen, seiner Dame einen Schädel voll Likör reichend und sich dann selber eingießend.

»Gemeiner Bube!« wandte sich nun der Präsident an Hugo, »gemeiner, niederträchtiger Schurke! – Wir haben ausgesprochen, daß in Anbetracht der Gastrechte, die wir selbst deiner elenden Person zugestehen, wir Uns herablassen wollten, deine ungezogenen und ungelegenen Fragen zu beantworten. Dessenungeachtet halten Wir es für unsere Pflicht, euer unheiliges Eindringen in unsere Ratssitzung mit einer Buße zu belegen und verurteilen daher dich und deinen Spießgesellen zu je einer Gallone Wacholderschnaps, den ihr auf die gedeihliche Entwicklung Unseres Königreichs auf einen Zug und mit gebeugtem Knie hinunterzugießen habt. Dann soll es euch freistehn, eure Wege weiterzugehn oder zu bleiben und an den Privilegien Unserer Tafelrunde teilzunehmen – je nachdem es euch Vergnügen macht.«

»Es ist ein Ding der Unmöglichkeit«, entgegnete Bein, dem das würdige Auftreten des Königs Pest I. offenbar Respekt einflößte und der sich erhoben hatte und aufgestützt am Tische stand, – »Majestät halten zu Gnaden, es ist ein Ding der Unmöglichkeit, in meinen Raum auch nur ein Viertelmaß jenes Likörs zu verstauen, den Eure Majestät soeben erwähnten. Nicht nur, daß ich am Vormittag an Bord tüchtig Ballast aufgenommen habe und heut abend in verschiedenen Häfen eine Menge Bier und Schnaps einschiffen ließ – ich habe gegenwärtig eine volle

Ladung Starkbier in mir, die ich im ›Lustigen Matrosen‹ gegen Barzahlung eingenommen habe. Eure Majestät wollen daher so gnädig sein, den Willen für die Tat zu nehmen – denn nichts kann mich dazu bringen, noch einen Tropfen zu schlucken – am allerwenigsten einen Tropfen jenes höllischen Schlagwassers, das auf den Namen ›Wacholderschnaps‹ hört.«

»Heh, stopp!« unterbrach ihn Tarpaulin, nicht weniger erstaunt über die Länge dieser Rede als über ihren abweisenden Inhalt – »heh, stopp! du Flegel! – Ich sage dir, Bein, kein solches Geschlabber mehr! *Mein* Laderaum ist noch leer, wennschon ich zugebe, daß du selber ein wenig betrunken bist; und was deinen Teil an der Ladung anlangt, so würde ich ihn, um Streit zu vermeiden, mitsamt dem meinigen zu verstauen suchen, aber –«

»Ein solches Vorgehen«, fiel der Präsident hier ein, »widerspräche durchaus dem gesetzlichen Machtspruch, der unwiderruflich ist. Die von Uns auferlegte Strafe muß nach dem Buchstaben erfüllt werden – und zwar unverzüglich, andernfalls dekretieren wir, daß man euch Kopf und Füße zusammenbindet und euch als Aufrüher in jenem Oxhoft mit Oktoberbier ersäuft.«

»Ein Rechtsspruch! – Ein Rechtsspruch! – Ein guter und gerechter Rechtsspruch! – Ein glorreiches Wort! – Ein würdiges und aufrechtes Urteil!« – rief die Familie Pest wie aus einem Munde. Der König zog die Stirn in tausend Falten; der gichtige Alte schnaufte wie ein Blasebalg; die Dame mit dem Sargtuch schwenkte ihre Nase hin und her; der Herr in den baumwollenen Hosen spitzte seine langen Ohren; die mit dem Leichenhemd klappte mit ihrem Fischmaul, und der im Sarg hielt sich steif und rollte mit den Augen.

»Hu, hu, hu!« kicherte Tarpaulin, ohne die allgemeine Aufregung zu beachten, »hu, hu, hu! – hu, hu, hu, hu! – hu, hu, hu! Ich meinte«, sagte er, »ich meinte, als Herr König Pest seine Marlpfrieme dazwischensteckte, ich meinte, was zwei oder drei Gallonen Wacholderschnaps anlange, so sei das eine Kleinigkeit für ein strammes und nicht überlastetes Seeboot wie mich –

wenn aber auf das Wohl des Teufels getrunken werden soll und wenn ich bei lebendigem Leibe zu diesem bösen König hinunterfahren soll, von dem ich so gewiß weiß, wie von mir, daß ich ein Sünder bin, daß er kein anderer ist als Tim Hurlygurly, der Schauspieler – ja, das ist denn doch 'ne ganz andere Sache und geht durchaus über mein Verständnis.«

Er konnte seine Rede nicht beenden. Bei Nennung des Namens Tim Hurlygurly sprang die ganze Versammlung von ihren Sitzen.

»Verrat!« brüllte Seine Majestät König Pest der Erste.

»Verrat!« sagte der kleine gichtige Alte.

»Verrat!« kreischte die Erzherzogin Ana-Pest.

»Verrat!« kreischte der Herr mit der aufgebundenen Kinnlade.

»Verrat!« grollte der mit dem Sarg.

»Verrat! Verrat!« rief die Majestät vom großen Maul und packte den unglücklichen Tarpaulin, der sich soeben seinen Trinkschädel neu gefüllt hatte, bei seinem Hosenboden, hob ihn hoch in die Luft und ließ ihn ohne alle Umschweife in die riesige Bütte seines geliebten Starkbieres fallen. Er tauchte auf und nieder wie ein Apfel im Grog und verschwand schließlich im Schaumstrudel, den seine Befreiungsversuche in der ohnedies schäumenden Flüssigkeit hervorgebracht hatten.

Bein aber, der lange Seemann, war nicht gewillt, die Leiden seines Kameraden ruhig mit anzusehen. Er stieß König Pest durch die offene Falltür im Fußboden und warf fluchend die Tür hinter ihm zu. Dann wandte er sich ins Zimmer. Er riß das über dem Tische schaukelnde Skelett herab und schlug damit so gewaltig um sich, daß er beim letzten Schein des verglimmenden Lichtes dem kleinen Mann mit der Gicht die Hirnschale zerschmetterte. Dann stürmte er zu dem verhängnisvollen Oxhoft voll Oktoberbier und Hugo Tarpaulin und stieß es mit aller Macht um. Ein Meer von Flüssigkeit stürzte heraus, so gewaltig – so flutend und brausend –, daß der Raum von einem Ende zum andern überschwemmt war – der vollbeladene Tisch wurde umgeworfen – die Bahren fielen um, die Punschkübel ins Kaminfeuer und die Damen in Schreikrämpfe. Ganze Haufen von Bestattungsgeräten schwammen umher. Kannen und Krüge wogten durcheinander, und Korbflaschen kämpften verzweifelt mit Weiden- und Kürbisflaschen. Der Mann mit dem Katzenjammer ersoff auf der Stelle – der kleine steife Herr schwamm in seinem Sarg davon, und der siegreiche Bein ergriff die dicke Dame im Leichenhemd bei den Hüften, stürmte mit ihr auf die Straße und jagte auf kürzestem Wege zum Ankerplatz der »Frei und Leicht«; hinter ihm drein segelte der furchtbare Hugo Tarpaulin, der, nachdem er zwei- bis dreimal kräftig geniest hatte, mit der Erzherzogin Ana-Pest auf den Armen daherkeuchte.

Die längliche Kiste

Vor einigen Jahren war es, als ich einen Platz auf dem beliebten Paketboot »Independence«, Kapitän Hardy, von Charleston, Süd-Karolina, nach Neuyork belegte. Wir sollten, falls das Wetter es zuließ, am fünfzehnten Juni absegeln; am vierzehnten ging ich an Bord, um in meiner Kabine allerlei vorzubereiten.

Ich sah, daß wir sehr viele Passagiere haben würden, vor allem viele Damen. Die Passagierliste wies mehrere Bekannte von mir auf, und unter anderen Namen entdeckte ich mit Freuden den des Herrn Cornelius Wyatt, eines jungen Künstlers, für den ich warme Freundschaft empfand. Er war auf der Universitätsstadt C. mein Studiengenosse gewesen, und wir waren damals sehr viel zusammen. Wie die meisten begabten Menschen war er ein wenig Menschenfeind, empfindsam und begeisterungsfähig. Mit diesen Eigenschaften verband er das wärmste und treueste Herz, das je in einer Menschenbrust geschlagen hat.

Ich bemerkte, daß *drei* Kabinen mit seinem Namen belegt waren; und als ich nochmals die Passagierliste durchging, fand ich, daß er für sich, seine Frau und seine zwei Schwestern Plätze belegt hatte. Die Kabinen waren ausreichend geräumig, und eine jede hatte zwei Schlafkojen, eine über der anderen. Diese Kojen waren freilich so eng, daß sie nur für eine Person ausreichten; dennoch konnte ich nicht begreifen, warum für diese vier Personen drei Kabinen nötig waren. Ich befand mich zu jener Zeit gerade in solch einer grüblerischen Stimmung, in der man sich über Kleinigkeiten Gedanken macht, und beschämt gestehe ich, daß ich mich mit einer Menge alberner und unangebrachter Vermutungen betreffs der überzähligen Kabine abgab. Selbstredend ging mich die Sache gar nichts an, doch mit um so größerer Hartnäckigkeit versuchte ich, das Rätsel zu lösen. Schließlich fand ich eine Antwort dafür, von der ich nicht begriff, daß sie mir nicht schon früher gekommen war.

»Es ist natürlich ein Dienstbote«, sagte ich, »wie dumm von

mir, daß mir so etwas Naheliegendes nicht früher eingefallen ist!« Und dann blickte ich wieder in die Liste – doch hier sah ich deutlich, daß die Familie *keinen* Dienstboten mitzunehmen gedachte, obgleich man zuerst offenbar diese Absicht gehabt hatte – denn die Worte: »und Zofe« waren hingeschrieben und wieder durchgestrichen worden. »Aha, Extragepäck!« sprach ich bei mir – »irgend etwas, das er nicht in den Gepäckraum geben möchte – etwas, das er im Auge behalten möchte … Ha, ich hab's – ein Bild oder dergleichen – und das ist es wohl auch, worüber er mit Nicolino, dem italienischen Juden, verhandelt hat!« Diese Idee befriedigte mich, und so gab ich also für diesmal meine Neugier auf.

Die beiden Schwestern Wyatts kannte ich recht gut, es waren sehr liebenswürdige und gescheite junge Mädchen. Seine Frau hatte er erst kürzlich geheiratet, und ich hatte sie bisher noch nicht gesehen. Er hatte mir aber oft in seiner üblichen begeisterten Art von ihr erzählt. Er nannte sie hervorragend schön, klug und gebildet. Ich war daher, wie man verstehen kann, sehr begierig, ihre Bekanntschaft zu machen.

Am Tage, da ich das Schiff besuchte (am vierzehnten also), sollten auch Wyatt und Familie zur Besichtigung kommen – so hatte der Kapitän mir gesagt –, und ich brachte eine Stunde mehr als beabsichtigt an Bord zu, in der Hoffnung, der jungen Frau vorgestellt zu werden; doch da kam eine Botschaft, Frau Wyatt fühle sich ein wenig unpäßlich und ziehe es vor, erst morgen zur Stunde der Abfahrt, an Bord zu kommen.

Am anderen Tag begab ich mich von meinem Hotel zum Hafen, als Kapitän Hardy mir begegnete und sagte, er vermute, daß die »Independence« umständehalber (eine dumme, aber gebräuchliche Phrase) erst in ein oder zwei Tagen absegeln werde, und daß er mir Nachricht zukommen lassen wolle, sobald alles in Ordnung sei.

Das schien mir seltsam, denn wir hatten einen steifen Südwind. Da aber die »Umstände« nicht verraten wurden, trotzdem ich mit großer Ausdauer ihnen auf den Grund zu kommen suchte, so konnte ich nichts weiter tun, als wieder nach Hause gehen und meine Ungeduld bezähmen.

Eine Woche lang wartete ich vergeblich auf des Kapitäns versprochene Nachricht. Schließlich kam sie aber, und ich ging sogleich an Bord. Das Schiff wimmelte von Passagieren, und alles war geschäftig bei den letzten Vorbereitungen. Die Familie Wyatt traf etwa zehn Minuten nach mir ein. Da waren die beiden Schwestern, die junge Frau und der Künstler – der letztere in einer seiner menschenfeindlichen Stimmungen. An diese war ich jedoch zu sehr gewöhnt, als daß ich ihnen besondere Aufmerksamkeit geschenkt hätte. Er stellte mich nicht einmal seiner Frau vor, so daß diese Höflichkeitsform notgedrungen seiner Schwester Marianne zufiel – einem sehr lieben und klugen Mädchen, das uns mit wenigen Worten miteinander bekannt machte.

Frau Wyatt war dicht verschleiert; und als sie nun den Schleier hob, um meinen Gruß zu erwidern, erfaßte mich, ich muß es bekennen, große Bestürzung. Diese wäre wohl noch größer gewesen, hätten mich nicht lange Erfahrungen gelehrt, den enthusiastischen Beschreibungen meines Freundes, des Malers, in Hinsicht auf Frauenschönheit keine allzu große Bedeutung beizumessen. Ich wußte gut, daß, wenn es sich um Schönheit handelte, er mit vollen Segeln ins Land der reinen Ideale schiffte.

Um die Wahrheit zu sagen: mir schien Frau Wyatt ein sehr gewöhnliches Äußeres zu haben; wenn sie auch nicht häßlich war, so war sie doch, nach meiner Ansicht, nicht weit davon. Sie kleidete sich indessen äußerst geschmackvoll – auch zweifelte ich nicht, daß sie meines Freundes Herz wahrscheinlich mehr durch hervorragende Gaben des Geistes und der Seele gewonnen hatte. Sie sprach nur ganz wenige Worte und begab sich sogleich mit Herrn Wyatt in ihre Kabine.

Die Neugier packte mich wieder. Sie hatten *keinen* Dienstboten bei sich – das war Tatsache. Ich forschte also nach dem Extragepäck. Nach einiger Zeit hielt ein Karren am Kai, beladen mit einer länglichen Kiste aus Tannenholz und das war alles, worauf wir noch gewartet hatten. Gleich nachdem sie verladen war, stachen wir in See, hatten in kurzer Zeit den Hafen hinter uns und segelten ins offene Meer hinaus.

Die fragliche Kiste war, wie ich schon sagte, länglich. Sie war etwa sechs Fuß lang und zweieinhalb Fuß breit; ich betrachtete sie aufmerksam und so genau wie möglich. Diese Form war entschieden *sonderbar,* und kaum hatte ich sie bemerkt, als ich mir zu meinem Scharfsinn gratulierte.

Man wird sich erinnern, daß ich zu der Schlußfolgerung gekommen war, das Extragepäck meines Freundes, des Künstlers, würde aus Bildern oder zum wenigsten aus einem Bilde bestehen; denn ich wußte, daß er wochenlang mit Nicolino in Verhandlungen gestanden hatte. Hier war nun eine Kiste, die ihrer Form nach einfach nichts anderes enthalten *konnte* als eine Kopie von Leonardos »Abendmahl«. Und eine Kopie gerade dieses »Abendmahls«, von Rubini dem Jüngeren aus Florenz, war, wie ich wußte, eine Zeitlang in Nicolinos Besitz gewesen. Diese Sache schien mir also zur Genüge aufgeklärt. Ich frohlockte über meine Scharfsinnigkeit. Es war das erstemal, daß Wyatt in künstlerischen Dingen ein Geheimnis vor mir hatte; aber hier hatte er offenbar vor, mir einen glücklichen Kauf zu verschweigen und vor meinen Augen ein erstklassiges Gemälde nach Neuyork einzuschmuggeln, in der Erwartung, daß ich von der Sache nichts erfahren würde. Ich beschloß, ihn jetzt und später gehörig damit aufzuziehen.

Etwas jedoch beunruhigte mich nicht wenig. Die Kiste kam nicht in die Extrakabine, sie wurde in Wyatts eigener Kajüte niedergestellt, und dort blieb sie und nahm fast den ganzen Fußboden ein – gewiß eine große Unbequemlichkeit für den Künstler und seine Frau – und dies wohl um so mehr, als der Lack oder die Farbe der Aufschrift auf der Kiste einen strengen, unangenehmen und für *meine* Begriffe geradezu ekelerregenden Geruch ausströmte. Auf dem Deckel standen die Worte: »Frau Adelaide Curtis, Albany, Neuyork. Gepäck von Cornelius Wyatt. Hier öffnen. Vorsicht!«

Nun wußte ich, daß Frau Adelaide Curtis in Albany des

Künstlers Schwiegermutter war; doch ich hielt die ganze Aufschrift für eine Mystifikation, durch die besonders *ich* irregeführt werden sollte. Ich sagte mir natürlich, daß die Kiste und ihr Inhalt nie weiter als bis ins Arbeitszimmer meines Freundes, des Misanthropen, in der Chamberstreet, Neuyork, gelangen würden.

Die ersten drei oder vier Tage hatten wir schönes Wetter, aber keinen Wind; wir hatten uns gleich beim Verlassen der Küste dem Norden zugewandt. Die Passagiere waren in heiterer Laune und geneigt, die Bekanntschaften anzuknüpfen. Ich muß jedoch Wyatt und seine Schwestern ausnehmen, die sich zurückhaltend und den Mitreisenden gegenüber fast unhöflich benahmen. Wyatts Betragen beachtete ich weniger. Er war noch griesgrämiger als sonst – aber bei ihm war ich auf Übertriebenheiten gefaßt. Für die Schwestern jedoch fand ich keine Entschuldigung. Sie zogen sich fast während der ganzen Dauer der Fahrt in ihre Kabinen zurück und weigerten sich, obgleich ich ihnen wiederholt zusetzte, mit irgendwem an Bord in Beziehung zu treten.

Frau Wyatt selbst war weit liebenswürdiger, das heißt, sie war *geschwätzig;* und Geschwätzigkeit ist auf See keine schlechte Empfehlung. Sie wurde mit den meisten Damen ganz außerordentlich intim und bezeigte zu meiner tiefsten Bewunderung nicht wenig Lust, mit den Männern zu kokettieren. Sie amüsierte uns alle sehr. Ich sage, amüsierte – und weiß kaum, mich anders auszudrücken. In Wahrheit sah ich bald, daß man weit öfter *über* Frau Wyatt als *mit* ihr lachte. Die Männer sprachen wenig über sie; die Frauen aber nannten sie bald ein gutherziges, doch recht unbedeutendes und unerzogenes Ding – und sehr gewöhnlich. Es war ein Wunder, wie Wyatt eine solche Verbindung hatte eingehen können. Der zunächstliegende Gedanke wäre gewesen, daß es eine Geldheirat sei – aber ich wußte, diese Annahme war irrig; denn Wyatt hatte mir gesagt, daß sie ihm nicht einen Dollar mitgebracht, noch irgendwoher etwas zu erwarten hatte. Er habe, sagte er, aus Liebe und nur aus Liebe geheiratet; und seine Braut sei mehr als seiner Liebe würdig. Wenn ich an diese Äußerungen meines Freundes dachte, so schien mir die Lösung des Rätsels immer verhängnisvoller. Konnte es möglich sein, daß er daran war, den Verstand zu verlieren? Was sonst sollte ich annehmen? Er, der so empfindsam, so geistvoll, so wählerisch war, er, der einen so ausgesprochenen Abscheu vor allem Falschen, Unechten hatte und eine so starke Vorliebe für alles Schöne! Gewiß, sie war sehr eingenommen von ihm – besonders in seiner Abwesenheit – wo sie sich oft lächerlich machte durch die neugierige Frage, was ihr »geliebter Gatte, Herr Wyatt« gesagt habe. Das Wort »Gatte« schien ihr stets – um mit ihren eigenen beliebten Worten zu reden – »auf der Zunge zu liegen«. Indessen hatten alle an Bord bemerkt, daß *er ihr* auswich, so viel er konnte, und die meiste Zeit allein in seiner Kabine verbrachte; ja, man kann sagen, daß er fast ganz dort lebte, indem er seiner Frau alle Freiheit ließ, sich nach Wohlgefallen im großen Salon mit den anderen zu unterhalten. Meine Schlußfolgerung aus dem, was ich sah und hörte, war die: der Künstler hatte aus irgendeiner Laune des Schicksals oder vielleicht in einem Anfall von Begeisterung und toller Leidenschaft die Dummheit begangen, sich mit einer weit unter ihm stehenden Person zu verbinden, und die natürliche Folge, Abscheu und Ekel, war nun eingetreten. Ich bemitleidete ihn aus tiefstem Herzen – konnte ihm aber aus jenem Grunde doch nicht ganz seine Verschlossenheit in Sachen des »Heiligen Abendmahls« verzeihen. Hierfür beschloß ich Rache zu nehmen.

Eines Tages, als er auf Deck kam, nahm ich ihn beim Arm und schritt mit ihm auf und ab. Er schien – wie ich das unter den vorliegenden Umständen auch nicht anders erwartete – in unverändert düsterer Stimmung. Er sprach nur wenig und mißgelaunt und mit sichtlicher Anstrengung. Ich versuchte zu scherzen, und er machte einen schwachen Versuch zu einem Lächeln. Armer Kerl! Wenn ich an seine Frau dachte, verwunderte es mich geradezu, daß er es überhaupt bis zu dem Versuch eines Lächelns brachte. Schließlich wagte ich einen Vorstoß. Ich beschloß, eine Reihe versteckter Andeutungen oder Vermutungen hinsichtlich der länglichen Kiste fallen zu lassen – gerade ausreichend für ihn, wahrzunehmen, daß ich nicht so völlig die Zielscheibe seiner kleinen, liebenswürdigen Mystifikation geworden war. Zunächst beabsichtigte ich aus dem Hinterhalt vorzugehen. Ich sagte etwas über die »sonderbare Form *jener* Kiste«; und während ich das sagte, lächelte ich verständnisvoll, zwinkerte mit den Augen und stieß ihn sanft mit dem Zeigefinger in die Rippen.

Die Art und Weise, in der Wyatt diesen harmlosen Spaß aufnahm, überzeugte mich sofort, daß er irrsinnig war. Zuerst starrte er mich an, als sei es ihm unmöglich, den Sinn meiner Bemerkung zu erfassen; schließlich aber war er doch allmählich in sein Hirn eingedrungen, und je mehr und mehr das geschah, desto weiter traten seine Augen aus den Höhlen. Dann wurde er sehr rot, dann entsetzlich bleich, dann, als amüsiere mein Ausspruch ihn höchlich, begann er laut und gewaltsam zu lachen – das tat er mit immer größerer Heftigkeit zehn Minuten lang oder mehr. Endlich fiel er der Länge nach schwerfällig aufs Deck nieder. Als ich hinzueilte, um ihn aufzuheben, schien es, als sei er tot.

Ich rief Hilfe herbei, und mit großer Mühe brachten wir ihn wieder zu sich. Als er erwachte, redete er zunächst irre. Schließlich ließen wir ihn zur Ader und brachten ihn zu Bett. Am andern Morgen hatte er sich wieder ganz erholt – soweit es seine leibliche Gesundheit betraf. Von seinem geistigen Zustand sage ich selbstredend nichts. Auf Anraten des Kapitäns, der meine Anschauung über sein Leiden völlig teilte, mir aber riet, keinem Menschen an Bord etwas davon zu sagen, mied ich für den Rest der Überfahrt seine Gesellschaft.

Kurz nach diesem Anfall Wyatts ereignete sich allerlei, was die Neugier, die mich erfüllte, noch steigerte. Unter anderem dies: ich war sehr nervös gewesen, hatte zu viel starken, grünen Tee getrunken und hatte daher eine schlechte Nacht. – Richtiger gesagt, waren es zwei Nächte, in denen ich fast gar nicht schlief. Nun führte die Tür meiner Kabine in die Hauptkajüte oder den

Speisesaal, wie alle einschläfrigen Kabinen an Bord. Wyatts drei Räume befanden sich in der Nebenkajüte, die von dem Hauptraum durch eine leichte Gleittür getrennt war; diese Tür war aber nie verschlossen, selbst des Nachts nicht. Da wir fast immer guten, ja sogar kräftigen Wind hatten, so neigte sich das Schiff sehr erheblich leewärts; und immer, wenn das Steuerbord leewärts lag, glitt die Türe zwischen den zwei Kajüten auf und blieb offen stehn, da niemand sich die Mühe nahm, aufzustehen und sie zu schließen. Wenn nun meine eigene Kajütentür ebenso wie die erwähnte Gleittür offen stand (und meine eigene Tür war wegen der großen Hitze *immer* offen), so konnte ich von meinem Lager aus ganz deutlich die Nebenkajüte überblicken und auch jenen Teil, wo sich die Kabinen Wyatts befanden. Da sah ich nun in zwei *nicht* aufeinanderfolgenden Nächten, wie gegen elf Uhr Frau Wyatt vorsichtig aus der Kabine Herrn Wyatts herauskam und die Extrakabine betrat, wo sie bis Tagesanbruch verblieb. Um diese Zeit wurde sie von ihrem Gatten gerufen und kehrte zu ihm zurück. Daß sie tatsächlich getrennt lebten, war mir nun klar. Sie hatten getrennte Zimmer – zweifellos, weil sie eine dauerndere Trennung beabsichtigten; hier also, dachte ich, liegt das Geheimnis der Extrakabine. Da war noch ein weiterer Umstand, der mich sehr interessierte. In den zwei genannten Nächten und kurz nachdem Frau Wyatt in der Extrakabine verschwunden war, wurde meine Aufmerksamkeit von eigentümlichen, behutsamen, wie absichtlich gedämpften Geräuschen aus dem Zimmer ihres Gatten gefesselt. Nachdem ich eine Zeitlang aufmerksam gelauscht hatte, gelang es mir schließlich, ihre Bedeutung festzustellen. Es waren Geräusche, die der Maler durch Öffnen der länglichen Kiste mit Hilfe von Meißel und Hammer verursachte; die Schläge des letzteren suchte er offenbar dadurch zu dämpfen, daß er das Eisen mit weichem Stoff umhüllt hatte.

Ich glaubte sogar den Augenblick feststellen zu können, in dem er den Deckel völlig abgelöst hatte – auch konnte ich deutlich hören, wie er ihn abhob und auf das untere Bett der Kajüte hinlegte. Letzteres z.B. erriet ich aus dem leichten Anstoßen des Deckels gegen die Holzleisten des Bettes bei den Versuchen, ihn recht leise niederzulegen; auf dem Fußboden war kein Raum dafür. Danach trat Totenstille ein, und bis zum Morgengrauen war nicht das Geringste mehr zu hören – es sei denn ein leises Seufzen und Murmeln, das aber beinahe unhörbar war, falls es nicht überhaupt nur in meiner Einbildung bestand. Ich sage, es schien ein Seufzen oder Schluchzen zu sein, aber natürlich war das ausgeschlossen. Ich glaube eher, daß es ein Klingen in meinen eigenen Ohren war. Herr Wyatt ließ sicherlich nur einem seiner Steckenpferde die Zügel schießen – in irgendeinem Anfall von Kunstbegeisterung. Er hatte seine längliche Kiste geöffnet, um seine Augen auf dem Kunstschatz da drinnen ruhen zu lassen. Und so etwas konnte ihn doch nicht zum Schluchzen bringen! Ich wiederhole daher, daß es lediglich eine Vorspiegelung meiner eigenen Phantasie gewesen sein muß, die Kapitän Hardys grüner Tee allzusehr angeregt hatte. In jeder der beiden erwähnten Nächte hörte ich beim Morgengrauen deutlich, wie Herr Wyatt den Deckel der länglichen Kiste wieder schloß und die Nägel mit Hilfe des umwickelten Hammers wieder in ihre Löcher schlug. Nachdem er dies getan, kam er völlig angekleidet aus seiner Kabine heraus und rief Frau Wyatt aus der ihrigen.

Unsere Seefahrt hatte schon sieben Tage gedauert, und wir ließen nun Kap Hatteras hinter uns, als ein ungemein heftiger Südweststurm einsetzte. Wir waren allerdings darauf vorbereitet gewesen, da das Wetter schon seit einiger Zeit bedrohlich ausgesehen hatte. Oben und unten wurde alles gut festgemacht; und da der Wind ständig zunahm, lagen wir schließlich unter Giek- und Vorbramsegel, beide doppelt gerefft.

In dieser Verfassung schwammen wir, leidlich sicher, achtundvierzig Stunden dahin, und das Schiff bewährte sich in vieler Hinsicht vorzüglich; das eindringende Wasser war nicht von Bedeutung. Nach dieser Zeit aber wurde der Sturm zum Orkan, und unser Hintersegel ging in Fetzen, wodurch wir so tief ins Wasser gerieten, daß wir kurz hintereinander ein paar gewaltige

Sturzseen schluckten. Bei dieser Gelegenheit verloren wir drei Mann über Bord, mitsamt der Kambüse, und fast die ganze Backbord-Schanzkleidung. Kaum waren wir wieder bei Sinnen, als das Vormarssegel in Fetzen ging; wir hißten nun ein Notsegel, ein paar Stunden ging alles gut, da das Schiff den Wellen jetzt viel ruhiger als vorher begegnen konnte.

Der Sturmwind blieb jedoch derselbe, und keine Verminderung war wahrzunehmen. Die Takelage war nicht mehr in Ordnung, sondern völlig verwirrt; und am dritten Tage des Sturmes ging gegen fünf Uhr nachmittags bei einem plötzlichen Stoß unser Besan-Mast über Bord. Mehr als eine Stunde mühten wir uns vergeblich, ihn loszubekommen, denn das Schiff schlingerte gewaltig, und ehe wir unsern Zweck erreicht hatten, kam der Zimmermann herbei und verkündete, daß der Schiffsraum vier Fuß unter Wasser stehe. Zum Überfluß waren die Pumpen verstopft und fast unbrauchbar.

Alles war nun Entsetzen und Verwirrung – doch machte man einen Versuch, das Schiff zu erleichtern, indem man alle erreichbare Ladung über Bord warf und die zwei noch übrig gebliebenen Mastbäume absägte. Das gelang uns endlich; an den Pumpen aber konnten wir immer noch nicht arbeiten, und inzwischen nahm das Leck schnell zu.

Bei Sonnenuntergang hatte der Sturm an Heftigkeit nachgelassen, und da auch das Meer sich etwas beruhigte, so gewann die Hoffnung Raum, daß wir uns in den Booten retten könnten. Um acht Uhr zerstreuten sich die Wolken, und wir hatten glücklicherweise Vollmond – ein Umstand, der unsere gesunkenen Lebensgeister wundervoll auffrischte.

Nach unglaublicher Arbeit gelang es uns schließlich, das große Boot ohne wesentlichen Unfall an der Schiffswand herunterzulassen, und die ganze Schiffsmannschaft und der größte Teil der Passagiere drängten sich darin zusammen. Dieses Boot entfernte sich sofort und erreichte schließlich nach vielen Leiden seiner Insassen am dritten Tage nach dem Unfall Ocracoke Inlet.

Vierzehn Passagiere und der Kapitän waren noch an Bord; sie wollten ihr Glück in der kleinen Jolle vom Heck versuchen. Wir brachten sie ohne Schwierigkeiten ins Wasser, wenngleich es uns nur durch ein Wunder gelang, sie so hinunterzubringen, daß sie nicht gleich umschlug. Als sie abstieß, trug sie den Kapitän und seine Frau, Herrn Wyatt und Familie, einen mexikanischen Offizier mit Frau und vier Kindern und mich selbst mit einem Neger, meinem Diener.

Wir hatten natürlich für nichts weiter Raum, als für die allernötigsten Hilfsmittel, etwas Proviant und die Kleider, die wir trugen. Niemand hätte auch nur den Versuch gemacht, irgend etwas anderes zu retten. Man kann sich also das Erstaunen aller denken, als Herr Wyatt, nachdem wir uns ein paar Faden vom Schiff entfernt hatten, von der Bank aufstand und Kapitän Hardy kühl aufforderte, das Boot umkehren zu lassen, um seine längliche Kiste einzunehmen!

»Setzen Sie sich, Herr Wyatt«, erwiderte der Kapitän ziemlich streng; »Sie werden uns umwerfen, wenn Sie nicht ganz still sitzen. Unser Dollbord ist schon beinahe im Wasser.«

»Die Kiste!« rief Herr Wyatt, der noch immer stand – »die Kiste, sage ich! Kapitän Hardy, Sie können, Sie *werden* mir das nicht weigern! Das Gewicht ist eine Kleinigkeit, ein Nichts – wirklich ein Nichts. Bei dem Andenken Ihrer Mutter – bei der Liebe des Himmels – bei Ihrem Glauben – bei Ihrer Hoffnung auf die ewige Seligkeit *beschwöre* ich Sie, umzukehren und die Kiste zu holen!« Für einen Augenblick schien es, als sei der Kapitän von dem ernsten Ersuchen des Künstlers gerührt, aber er gewann seine strenge Haltung zurück und sagte nur:

»Herr Wyatt, Sie sind *toll!* Ich darf Ihnen nicht nachgeben. Setzen Sie sich hin, sage ich, oder Sie werden das Boot zum Kentern bringen. Halt – haltet ihn – greift ihn! Er springt über Bord! Da – ich wußte es, es ist geschehen!«

Bei diesen Worten des Kapitäns war Herr Wyatt tatsächlich über Bord gesprungen; wir befanden uns gerade leewärts vom Wrack, und seinen beinahe übermenschlichen Anstrengungen gelang es, ein Seil zu erfassen, das an der Bordwand herabhing. Einen Moment darauf war er an Bord und stürzte wie rasend in die Kabine hinunter.

Inzwischen waren wir hinter das Schiff und von der Leeseite abgetrieben worden und sahen uns nun ganz dem ungeheuer stürmenden Meer überlassen. Mit letzter Anstrengung versuchten wir zurückzukommen, aber unser kleines Boot war in dem Wüten des Sturms nur wie eine winzige Feder. Wir übersahen mit einem Blick, daß das Schicksal des Künstlers besiegelt war. Als unsere Entfernung zum Wrack schnell zunahm, sahen wir, daß der Rasende (denn dafür mußten wir ihn halten) die Kajütentreppe heraufkam; mit gigantischer Kraft schleppte er die längliche Kiste mit sich. Während wir in maßlosem Erstaunen hinblickten, ergriff er ein drei Zoll dickes Seil, schlang es um die Kiste und dann um seinen Leib. Im nächsten Augenblick waren beide, Mensch und Kiste, im Meer; sie verschwanden sofort und für immer.

Wir stoppten trostlos die Ruder, und unsere Augen hingen an der Stelle, wo der Mann versunken war. Schließlich ruderten wir fort.

Eine Stunde lang herrschte völliges Schweigen. Endlich wagte ich eine Bemerkung.

»Haben Sie beobachtet, Kapitän, wie plötzlich sie sanken? War das nicht äußerst merkwürdig? Ich gestehe, daß ich ein wenig Hoffnung auf seine Rettung hatte, als ich sah, daß er sich an die Kiste band und dem Meere anvertraute.«

»Sie *mußten* sinken«, erwiderte der Kapitän, »und schnell wie ein Schuß. Sie werden aber bald wieder auftauchen, allerdings nicht eher, als bis das Salz sich auflöst.«

»Das Salz?« rief ich aus.

»Still!« sagte der Kapitän, auf Wyatts Frau und Schwestern deutend. »Wir müssen zu gelegenerer Zeit von diesen Dingen reden.«

Wir hatten viel zu erdulden und kamen kaum mit dem Leben davon; doch das Glück war uns günstig, uns wie auch den Kameraden im Langboot. Wir landeten endlich nach vier verzweifelten Tagen mehr tot als lebendig an der Küste gegenüber der Roanoke-Insel. Hier blieben wir eine Woche, wurden von den Stranddieben leidlich gut aufgenommen, und es glückte uns schließlich, eine Überfahrt nach Neuyork zu erlangen.

Etwa einen Monat nach dem Untergang der »Independence« begegnete ich zufällig dem Kapitän Hardy auf dem Broadway. Unsere Unterhaltung drehte sich natürlich um das Unglück und besonders um das traurige Schicksal des armen Wyatt. Danach erfuhr ich folgende Einzelheiten:

Der Künstler hatte für sich, seine Frau, seine zwei Schwestern und eine Dienerin die Überfahrt belegt. Sein Weib war tatsächlich, wie man sie mir geschildert hatte, eine liebreizende und gebildete Frau. Am Morgen des vierzehnten Juni (dem Tag, an dem ich zum erstenmal das Schiff besuchte) erkrankte die Dame plötzlich und starb. Der junge Gatte raste vor Schmerz – zwingende Gründe aber erforderten seine sofortige Abreise nach Neuyork. Es war nötig, den Leichnam seiner angebeteten Frau ihrer Mutter zuzuführen, andererseits aber scheute er das allgemeine Vorurteil, das ihm verbot, dies öffentlich zu tun. Neun Zehntel der Passagiere hätten lieber das Schiff verlassen, als daß sie die Fahrt mit einem Leichnam an Bord gemacht hätten.

In diesem Dilemma ordnete Kapitän Hardy an, der Leichnam solle flüchtig einbalsamiert und mit einer großen Menge Salz in eine passende Kiste gelegt und als Handelsware an Bord geschafft werden. Vom Tode der Frau durfte nichts verlauten; und da es bekannt war, daß Herr Wyatt auch für diese die Überfahrt bestellt hatte, so ergab sich die Notwendigkeit, daß irgend jemand während der Reise ihre Stelle einnehmen mußte. Die Zofe der Verstorbenen war leicht dazu zu bewegen. Die Extrakabine, die ursprünglich für dieses Mädchen bestimmt gewesen war, wurde nun des Nachts als Schlafraum für die Pseudofrau benutzt. Bei Tage spielte sie, so gut sie das eben konnte, die Rolle

ihrer Herrin – deren Persönlichkeit, wie man sich vorher verge-
wissert hatte, niemand an Bord bekannt war. Meine eigenen
Fehlschlüsse entsprangen, natürlich genug, einem zu oberflächlichen, zu neugierigen und zu impulsiven Temperament. In letzter Zeit aber habe ich nachts nur noch selten einen festen Schlaf.
Was ich auch tue – da ist ein Antlitz, das mich verfolgt, und
ein hysterisches Lachen, das mir für immer in den Ohren gellen
wird.

Die schwarze Katze

Daß man den so unheimlichen und doch so natürlichen Ge-
schehnissen, die ich jetzt berichten will, Glauben schenkt, erwarte ich nicht, verlange es auch nicht. Ich müßte wirklich
wahnsinnig sein, wenn ich da Glauben verlangen wollte, wo ich
selbst das Zeugnis meiner eigenen Sinne verwerfen möchte.
Doch wahnsinnig bin ich nicht – und sicherlich träume ich auch
nicht. Morgen aber muß ich sterben, und darum will ich heute
meine Seele entlasten. Aller Welt will ich kurz und sachlich eine
Reihe von rein häuslichen Begebenheiten enthüllen, deren Wirkungen mich entsetzt – gemartert – vernichtet haben. Ich will
jedoch nicht versuchen, sie zu deuten. Mir brachten sie die
fürchterlichste Qual – anderen werden sie vielleicht nicht mehr
scheinen als groteske Zufälligkeiten. Es ist wohl möglich, daß
später einmal irgendein besonderer Geist sich findet, der meine
anscheinend phantastischen Berichte als nüchterne Selbstver-
ständlichkeiten zu erklären vermag – ein klarer und scharfer
Geist, weniger exaltiert als ich, der in den Umständen, die ich
mit bebender Scheu enthülle, nichts weiter sieht als die einfache
Folge ganz natürlicher Ursachen und Wirkungen.

Seit meiner Kindheit galt ich als weichherziger, anschmieg-
samer Mensch. Ja, meine hingebende Herzlichkeit trat so offen
hervor, daß sie oft den Spott meiner Kameraden herausforderte.
Da ich eine ganz besondere Zuneigung für die Tiere empfand,
beglückten mich meine Eltern gern mit allerlei Lieblingen. Mit
diesen verbrachte ich all meine freie Zeit, und nie war ich glücklicher, als wenn ich sie fütterte und liebkoste. Diese Liebhaberei
wuchs mit mir heran, und noch im Mannesalter war sie mir eine
Hauptquelle meiner Freuden. Wer jemals für einen treuen und
klugen Hund wahre Zärtlichkeit hegte, den brauche ich nicht
auf die innige Dankbarkeit, die das Tier uns dafür entgegen-
bringt, hinzuweisen. In der selbstlosen und opferfreudigen Liebe
eines Tieres ist etwas, das jedem tief zu Herzen gehen muß, der

je Gelegenheit hatte, die armselige ›Freundschaft‹ und geschwätzige Treue des ›erhabenen‹ Menschen zu erproben.

Ich heiratete früh und war herzlich froh, in meinem Weib ein mir verwandtes Gemüt zu finden. Als sie meine Liebhaberei für allerlei zahmes Getier erkannt hatte, versäumte sie keine Gelegenheit, solche Hausgenossen der angenehmsten Art anzuschaffen. Wir besaßen Vögel, Goldfische, einen schönen Hund, Kaninchen, einen kleinen Affen und – eine Katze.

Diese letztere war ein auffallend großes und schönes Tier, ganz schwarz und erstaunlich klug. Wenn wir auf ihre Intelligenz zu sprechen kamen, gedachte meine Frau, die übrigens nicht im geringsten abergläubisch war, manchmal des alten Volksglaubens, daß Hexen oft die Gestalt schwarzer Katzen anzunehmen pflegen. Nicht, daß sie damit jemals eine ernstliche Anspielung hätte machen wollen – ich erwähne es nur, weil ich gerade jetzt daran dachte.

Die Katze war mein bevorzugter Freund und Spielkamerad. Ich selbst fütterte sie, und wo ich im Hause stand und ging, war sie bei mir. Nur schwer konnte ich sie davon zurückhalten, mir auch auf die Straße zu folgen.

So bestand und bewährte sich unsere Freundschaft mehrere Jahre lang. In dieser Zeit aber hatte mein Charakter infolge meiner teuflischen Trunksucht – ich erröte bei diesem Bekenntnis – eine völlige Wandlung zum Bösen durchgemacht. Ich wurde von Tag zu Tag mürrischer, reizbarer, rücksichtsloser gegen die Gefühle anderer. Ich erlaubte mir selbst meiner Frau gegenüber rohe Worte. Schließlich schlug ich sie sogar. Meine Tiere mußten unter meiner Verkommenheit selbstverständlich ganz besonders leiden. Ich vernachlässigte sie nicht nur, sondern mißhandelte sie auch. Auf die Katze indessen nahm ich noch immer so viel Rücksicht, daß ich sie nicht ebenso schlecht behandelte wie die Kaninchen, den Affen und auch den Hund, die ich bei jeder Gelegenheit mißhandelte, wenn sie mir zufällig oder aus alter Anhänglichkeit in den Weg liefen. Doch mein Leiden wuchs – denn welches Leiden ist lebenszäher als der Hang zum Alkohol! –

und endlich mußte selbst die Katze, die jetzt alt und daher etwas grämlich zu werden begann, die Ausbrüche meiner Übellaunigkeit fühlen.

Eines Nachts, als ich schwer betrunken aus einer meiner Schnapsspelunken nach Hause kam, schien es mir so, als ob die Katze mir auswiche. Ich packte sie – und da, wahrscheinlich erschreckt durch meine Heftigkeit, riß sie mir mit den Zähnen eine leichte Schramme über die Hand. Im Augenblick geriet ich in wahnsinnige Wut. Ich war nicht mehr ich selbst. Mein wahres Wesen war plötzlich entflohen, und an seiner Stelle spannte eine viehische, trunkene Bosheit jeden Nerv in mir. Ich nahm aus der Westentasche ein Federmesser, öffnete es, riß das arme Tier am Halse empor und bohrte bedachtsam eines seiner Augen aus seiner Höhle heraus! – Die brennende Glut der Scham und kalte Schauer des Entsetzens überfallen mich jetzt, da ich jener höllischen Verruchtheit gedenke.

Am andern Morgen, nachdem ich meinen Rausch verschlafen hatte und mir die Vernunft zurückgekehrt war, empfand ich halb Grauen, halb Reue über das Verbrechen, dessen ich mich schuldig gemacht hatte; aber es war nur ein schwaches, oberflächliches Gefühl, und meine Seele blieb unbewegt. Ich stürzte mich aufs neue in wüste Ausschweifungen, und bald war im Wein jede Erinnerung an meine Untat ersäuft.

Inzwischen erholte sich die Katze langsam. Die leere Augenhöhle bot allerdings einen schrecklichen Anblick, aber Schmerzen schien das Tier nicht mehr zu haben. Wie früher ging es im Hause umher, floh aber, wie nicht anders zu erwarten war, in wahnsinniger Angst davon, sobald ich in seine Nähe kam. Es war mir noch immer so viel von meinem Gefühl geblieben, daß ich diese offenbare Abneigung eines Geschöpfes, das mich vordem so geliebt hatte, anfangs schmerzlich empfand. Doch dieses Empfinden wich bald einem anderen – der Erbitterung. Und dann kam, wie zu meiner endgültigen und unaufhaltsamen Vernichtung, noch der Geist des Eigensinns hinzu. Diesen Geist beachtet die Philosophie nicht, und dennoch bin ich wie von dem

Leben meiner Seele davon überzeugt, daß Eigensinn eine der ursprünglichsten Regungen des menschlichen Wesens ist – eine der elementaren, primären Eigenschaften oder Empfindungen, die dem Charakter des Menschen seine Richtung geben. Wer hat nicht schon hundertmal eine gemeine oder dumme Handlung begangen, einzig und allein, weil er wußte, daß er eigentlich nicht so handeln solle! Haben wir nicht eine beständige Neigung, das Gesetz zu übertreten, nur weil wir eben wissen, daß es »Gesetz« ist? Ich sage, dieser Geist des Eigensinns war es, der mich endgültig umwarf. Es war jene unergründliche Gier der Seele, sich selbst zu quälen und im Trotz gegen ihre erhabene Reinheit allein um des Bösen willen das Böse zu tun, die mich antrieb, meine Schuld an der wehrlosen Katze noch zu erweitern, soweit nur eben möglich. So legte ich ihr eines Morgens eine Schlinge um den Hals und knüpfte sie an einem Baumast auf; ich erhängte sie unter strömenden Tränen und bittersten Gewissensqualen; erhängte sie, eben weil ich wußte, daß sie mich geliebt hatte, und weil ich fühlte, daß sie mir keinen Grund zu dieser Greueltat gegeben hatte; erhängte sie, weil ich wußte, daß ich damit eine Sünde beging – eine Todsünde, die meine unsterbliche Seele so befleckte, daß, wenn irgendeine Sünde nicht vergeben werden könnte, die unendliche Gnade des allbarmherzigen Gottes sich meiner Seele nicht erbarmen könnte.

In der auf diese grausame Tat folgenden Nacht wurde ich durch Feuerlärm aus dem Schlafe aufgeschreckt. Meine Bettvorhänge brannten. Das ganze Haus stand in Flammen. Mit knapper Not entrannen wir, meine Frau, unsere Magd und ich, dem Feuertode. Alles wurde vernichtet. Meine ganze irdische Habe war dahin, und ich überließ mich von nun an haltloser Verzweiflung.

Ich habe nicht die Schwäche, zwischen meiner Schandtat und diesem Unglück einen Zusammenhang, wie etwa Ursache und Wirkung, suchen zu wollen. Da ich aber eine Kette von Tatsachen anführe, so glaube ich, auch das allerkleinste Glied nicht unerwähnt lassen zu dürfen. Am Tage nach dem Brande besichtigte ich die Trümmerstätte. Die Mauern waren bis auf eine eingestürzt. Dies war eine nicht sehr starke Scheidewand, ungefähr aus der Mitte des Hauses, an der das Kopfende meines Bettes gestanden war. Sie hatte die Einwirkung des Feuers hartnäckig überdauert, eine Tatsache, die ich dem Umstande zuschrieb, daß dort der Bewurf erst kürzlich erneuert worden war. Vor dieser Mauer stand eine dichte Menschenmenge, und einzelne Personen schienen eine bestimmte Stelle eingehend und aufmerksam zu untersuchen. Die Worte »sonderbar!« »seltsam!« und andere ähnliche Ausrufe erregten meine Neugier. Ich trat heran – und sah auf die helle Fläche eingedrückt das Reliefbild einer großen Katze. Der Abdruck war erstaunlich naturgetreu. Um den Hals des Tieres lag ein Strick.

Als ich zuerst diesen Höllenspuk erblickte – denn für etwas anderes konnte ich es nicht halten –, geriet ich außer mir vor Staunen und Entsetzen. Schließlich aber kam mir die Überlegung zu Hilfe. Der Garten, in dem ich die Katze erhängt hatte, lag dicht bei dem Hause. Auf den Feuerlärm hin war sofort eine Menschenmenge in den Garten eingedrungen, und irgendeiner mußte dort das Tier abgeschnitten und durch das offenstehende Fenster in mein Zimmer geworfen haben, wahrscheinlich in der guten Absicht, mich dadurch aus dem Schlaf zu wecken. Durch stürzendes Mauerwerk war das Opfer meiner Grausamkeit in die Masse des frisch aufgetragenen Bewurfs eingedrückt worden, und der Kalk dieses letzteren, in Verbindung mit der Brandglut und dem Ammoniak des Kadavers, hatte dann das Reliefbild so wunderbar geprägt, wie es nun zu sehen war.

Obgleich ich dieser eigenen, vernünftigen Erklärung bereitwillig Glauben schenkte, konnte mein Gewissen sich nicht so leicht beruhigen, und das Ereignis lastete schwer auf meiner Seele. Monatelang beschäftigte sich meine Phantasie mit der Katze, und es erwachte in mir ein Gefühl, das beinahe Reue sein konnte. Es kam so weit, daß ich den Verlust des Tieres bedauerte und mich in den Spelunken, in denen ich mich jetzt meistens herumtrieb, nach einer anderen Katze umsah, die der gemordeten möglichst ähnlich sein und deren Platz bei mir ausfüllen sollte.

Als ich einmal in der Nacht halb stumpfsinnig vor Trunkenheit in einer ganz gemeinen Schnapskneipe saß, wurde ich plötzlich auf einen schwarzen Gegenstand aufmerksam, der oben auf einem riesenhaften Oxhoft Branntwein oder Rum, dem Hauptmöbel der dunstigen Höhle, thronte. Da ich schon einige Minuten lang stier auf die Höhe des Fasses geblickt hatte, war ich jetzt erstaunt darüber, daß ich den Gegenstand dort oben nicht schon früher bemerkt hatte. Es war eine schwarze Katze – eine sehr große – gerade so groß wie die ermordete und dieser auch in allem ähnlich – bis auf eins; die meine hatte nicht ein einziges weißes Haar am ganzen Körper, diese Katze aber hatte einen großen, allerdings nicht scharf abgegrenzten weißen Fleck, der fast die ganze Brust bedeckte.

Als ich sie berührte, erhob sie sich sofort, schnurrte laut, rieb sich an meiner Hand und schien von der Beachtung, die ich ihr schenkte, entzückt zu sein. Das war also ganz ein Geschöpf, wie ich es suchte. Ich bot dem Wirt sofort an, ihm das Tier abzukaufen; der aber erhob keinen Anspruch auf die Katze: er kenne sie gar nicht – habe sie nie vorher gesehen.

Ich liebkoste das Tier, und als ich mich zum Heimgehen anschickte, zeigte es Lust, mich zu begleiten. Das erlaubte ich ihm. Unterwegs beugte ich mich manchmal zu ihm nieder und streichelte es. In meinem Hause fühlte sich die Katze sofort heimisch, und auch mit meiner Frau war sie vom ersten Tage an sehr befreundet.

In mir aber regte sich bald eine Abneigung gegen die Katze; das war gerade das Gegenteil dessen, was ich erwartet hatte, aber – ich weiß nicht, wie und weshalb es so kam – ihre aufdringliche Liebe zu mir war mir unangenehm, ja sogar zuwider. Nach und nach steigerte sich dieses Gefühl der Abneigung und des Ekels bis zu bitterstem Haß. Ich ging dem Vieh aus dem Wege; was mich davon zurückhielt, es zu mißhandeln, waren allein ein gewisses Schamgefühl und die Erinnerung an meine frühere

Greueltat. Einige Wochen lang konnte ich mich noch so weit beherrschen, die Katze weder zu schlagen noch sonstwie absichtlich schlecht zu behandeln, aber allmählich – mit jedem Tage mehr – sah ich sie nur noch mit unaussprechlichem Abscheu und floh bei ihrem unerträglichen Anblick so entsetzt davon wie vor dem Gifthauch der Pestilenz.

Was meinen Haß gegen das Katzenvieh zweifellos genährt hatte, war eine Entdeckung gewesen, die ich sofort, nachdem ich es zu mir genommen, gemacht hatte – die Entdeckung, daß es, wie die erste Katze, um eins seiner Augen beraubt war. Für meine Frau hingegen, die, wie ich schon sagte, jene unendliche Herzensgüte besaß, die auch mich einst auszeichnete und mir viel reine und harmlose Freuden gebracht hatte, war dies nur ein Grund mehr, das Tier zu lieben.

Mit meiner Abneigung gegen die Katze schien deren Vorliebe für mich nur zu wachsen. Sie folgte meinen Schritten mit einer unbeschreiblichen Beharrlichkeit, von der man sich kaum einen Begriff machen kann. Wenn ich mich setzte, kroch sie unter meinen Stuhl oder sprang auf mein Knie und belästigte mich mit ihren widerwärtigen Liebkosungen. Wenn ich aufstand, um fortzugehen, lief sie mir zwischen die Beine, so daß ich in Gefahr geriet, hinzufallen, oder sie hing sich mit ihren langen scharfen Krallen in meine Kleider und kletterte mir bis zur Brust herauf. Trotzdem ich mich dann stets versucht fühlte, sie mit einem Faustschlag umzubringen, schreckte ich doch davor zurück, teils im Gedenken an mein früheres Verbrechen, hauptsächlich aber – ich will es nur gleich bekennen – aus sinnloser Angst vor der Bestie.

Diese Angst war nicht gerade Furcht davor, daß mir das Tier irgendeine Verletzung zufügen könnte, aber ich wüßte auch nicht, wie ich sie anders erklären sollte. Ich kann nur mit Beschämung gestehen – ja, selbst in dieser Verbrecherzelle schäme ich mich dessen daß die Gefühle des Schreckens und Entsetzens, die das Tier in mir hervorrief, durch ein Hirngespinst, wie man sich kaum eins närrischer denken kann, maßlos gesteigert wurden. Meine Frau hatte mich mehr als einmal auf die Form des weißen Brustfleckes aufmerksam gemacht, von dem ich bereits gesprochen habe und der das einzig sichtbare Unterscheidungsmerkmal zwischen dieser fremden und der von mir umgebrachten Katze bildete. Man wird sich meiner obigen Beschreibung entsinnen, wonach dieser Fleck, obschon er ziemlich groß war, ursprünglich nur undeutlich hervortrat; doch nach und nach, in kaum merklich fortschreitendem Wachstum – einem Vorgang, den meine Vernunft lange Zeit als reine Augentäuschung zu verwerfen strebte – wurde dieses Zeichen in scharfen Umrissen deutlich sichtbar. Es hatte nun die Form eines Gegenstandes, den ich nur mit Grausen nenne und dessen Abbild mich mehr als alles andere schreckte und entsetzte, so daß ich das Scheusal am liebsten umgebracht hätte, wenn ich nur den Mut dazu hätte finden können. Es war das Bild – so sei es denn herausgesagt – eines unheimlichen, eines fürchterlichen Dinges – eines Galgens! – O schrecklich drohendes Werkzeug des greuelhaften Mordens – des martervollen Todes!

Und jetzt war ich wirklich elend – elend weit über alles Menschenelend hinaus. Und ein vernunftloses Vieh – von dessen Geschlecht ich eines verächtlich umgebracht hatte – ein vernunftloses Vieh konnte mich – mich, den Menschen, das Ebenbild Gottes – so unsäglich elend machen! Ach, ich kannte nicht mehr den Segen der Ruhe, weder bei Tag noch bei Nacht! Bei Tage ließ das Tier mich nicht einen Augenblick allein, und in der Nacht fuhr ich fast jede Stunde aus qualvollen Angstträumen empor, um den heißen Atem des Viehes über mein Gesicht wehen zu fühlen und den Druck seines schweren Gewichts – wie die Verkörperung eines gräßlichen Alpgespenstes, das ich nicht abzuschütteln vermochte – auf meiner Brust zu tragen.

Unter der Wucht solcher Qualen erlag in mir der schwache Rest des Guten. Böse Gedanken wurden die Vertrauten meiner Seele – schwarze, ekle Höllengedanken! Meine bisherige Stimmung schwoll an zu bösem Haß gegen alles in der Welt und gegen die ganze Menschheit; und meistens war es, ach! mein schweigend duldendes Weib, das nun das unglückliche Opfer meiner häufigen, plötzlichen und zügellosen Wutausbrüche wurde.

Eines Tages begleitete sie mich irgendeines häuslichen Geschäftes wegen in den Keller des alten Gebäudes, das wir in unsrer Armut zu bewohnen genötigt waren. Die Katze folgte mir die Stufen der steilen Treppe hinab und war mir dabei so hinderlich, daß ich beinahe kopfüber hinuntergestürzt wäre. Das machte mich rasend. In sinnlosem Zorn vergaß ich die kindische Furcht, die meine Hand bisher zurückgehalten hatte, ergriff eine Axt und führte einen Hieb nach dem Tier, der augenblicklich tödlich gewesen wäre, wenn er sein Ziel getroffen hätte. Aber meine Frau fiel mir in den Arm. Diese Einmischung brachte mich in wahrhaft teuflische Wut. Ich entwand mich ihrem Griff und schlug die Axt tief in ihren Schädel ein. Sie brach lautlos zusammen.

Nachdem dieser gräßliche Mord geschehen war, machte ich mich sogleich und mit voller Überlegung daran, den Leichnam zu verbergen. Ich wußte, daß ich ihn weder am Tage noch in der Nacht aus dem Hause schaffen konnte, ohne dabei Gefahr zu laufen, von den Nachbarn beobachtet zu werden. Mancherlei Pläne schossen mir durch den Sinn. Zuerst dachte ich daran, den Körper in kleine Stücke zu zerhacken und sie durch Feuer zu vernichten. Dann beschloß ich, ihm im Boden des Kellers ein Grab zu graben. Ich überlegte mir aber auch, ob ich ihn nicht lieber im Hof in den Brunnen werfen sollte – oder ob ich ihn wie eine Ware in eine mit unauffälligen Aufschriften versehene Kiste packen und diese durch einen Träger fortschaffen lassen sollte. Endlich kam ich auf einen Gedanken, der mir der richtige Ausweg zu sein schien: ich entschloß mich, die Leiche im Keller einzumauern – ganz so, wie es alten Erzählungen zufolge die Mönche des Mittelalters mit ihren Opfern gemacht haben mochten.

Zur Ausführung gerade dieses Planes war der Keller sehr geeignet. Die Mauern waren leicht gebaut und erst kürzlich mit einem groben Mörtel beworfen worden, der infolge der Feuchtigkeit der Kellerluft noch nicht hart geworden war. Überdies war an einer der Mauern ein Vorsprung, hinter dem sich ein unbenutzter Rauchschlot oder eine Feuerstelle befand und der neuerdings wieder ausgefüllt und den übrigen Wänden des Kellers gleichgemacht worden war. Ich zweifelte nicht daran, daß es mir leicht möglich sein würde, an dieser Stelle die Ziegelsteine herauszunehmen, den Leichnam in die Höhlung hineinzubringen und die Wand wieder zuzumauern, so daß kein Mensch etwas Verdächtiges entdecken könnte.

Und diese Berechnung täuschte mich nicht. Mit Hilfe eines Brecheisens gelang es mir mühelos, die Steine zu lockern; nachdem ich den Leichnam mit aller Vorsicht aufrecht gegen die innere Wand gelehnt hatte, stützte ich ihn in dieser Stellung fest und füllte das Mauerloch ohne Schwierigkeiten wieder aus, genau so, wie es zuvor gewesen war. Ich hatte mir in aller Stille Mörtel, Sand und Haar zu verschaffen gewußt und stellte daraus einen Bewurf her, der von dem der anderen Wände nicht zu unterscheiden war; mit ihm bestrich ich sehr sorgfältig die neue Vermauerung. Als ich damit fertig war, fand ich zu meiner Befriedigung, daß nun alles in Ordnung sei. Man sah der Mauer nicht im geringsten an, daß sie aufgebrochen worden war. Den Schutt am Boden hatte ich mit peinlichster Sorgfalt entfernt. Triumphierend sah ich auf mein Werk und sagte zu mir selbst: »Hier wenigstens ist deine Arbeit nicht umsonst gewesen.«

Das nächste, was ich nun tat, war, mich nach der Bestie umzusehen, die so viel Elend veranlaßt hatte, denn ich hatte ihr inzwischen längst das Urteil gesprochen: sie mußte sterben! Hätte sie sich jetzt vor mir blicken lassen, so wäre es zweifellos sofort um sie geschehen gewesen; aber es schien, als ob das verschlagene Tier, noch beunruhigt durch meinen heftigen Wutausfall, es mit Absicht vermied, mir in meiner gegenwärtigen Stimmung vor die Augen zu kommen. Es ist unmöglich, zu beschreiben oder auch nur sich vorzustellen, wie tief beruhigend das Gefühl der Erlösung war, das ich über die Abwesenheit der verhaßten Katze empfand. Auch in der Nacht ließ sie sich nicht blicken – und so schlief ich, seitdem ich sie in mein Haus gebracht hatte, wenigstens eine Nacht hindurch tief und ruhig; ja, ich schlief, selbst mit der Last des Mordes auf der Seele.

Der zweite und der dritte Tag vergingen, ohne daß mein Quälgeist zurückkehrte. Ich atmete wieder auf wie ein Befreiter. Der Schrecken hatte das Ungeheuer für immer vertrieben. Ich sollte es nie mehr erblicken! Meine Seligkeit war grenzenlos! Das Bewußtsein meiner schwarzen Tat störte mich nur wenig. Ein paar Nachfragen, die erhoben worden waren, hatte ich schlagfertig beantwortet. Selbst eine Haussuchung hatte stattgefunden – aber natürlich war nichts zu entdecken gewesen. Ich brauchte also für die Zukunft nichts mehr zu befürchten.

Am vierten Tage nach dem spurlosen Verschwinden meiner Frau kam ganz unerwartet eine Polizeikommission und begann von neuem alle Räumlichkeiten gründlich zu durchsuchen. Ich war jedoch nicht im geringsten darüber beunruhigt, da ich sicher war, daß die Leiche in ihrem geheimen Versteck nicht entdeckt werden konnte. Die Beamten forderten mich auf, sie bei der Durchsuchung zu begleiten. Sie übersahen keinen Winkel, kein Versteck. Schließlich stiegen sie zum dritten- oder viertenmal in den Keller hinab. Ich blieb ruhig wie Stein. Mein Herz schlug so friedlich wie das eines Menschen, der in Unschuld schläft. Ich folgte den Herren von einem Ende des Kellers bis zum andern. Die Arme über der Brust verschränkt, ging ich festen Schrittes einher. Die Beamten waren vollkommen beruhigt und schickten sich an, fortzugehen. Die Freude meines Herzens war zu groß – ich mußte sie irgendwie äußern! Ich brannte darauf, wenigstens ein Wort des Triumphes auszurufen, das zugleich aber auch die Herren in ihrer Überzeugung von meiner Unschuld bestärken sollte.

»Meine Herren,« sagte ich, als sie bereits wieder die Kellerstufen emporstiegen, »ich bin entzückt, Ihren Verdacht zerstreut zu haben. Ich wünsche Ihnen viel Glück und ein wenig mehr Höflichkeit. Nebenbei bemerkt, meine Herren, dies – dies ist ein sehr gut gebautes Haus« (in dem verrückten Wunsch, irgend etwas Herausforderndes zu sagen, wußte ich kaum, was ich überhaupt redete), »ich möchte sagen, ein hervorragend gut gebautes Haus. Diese Mauern – gehen Sie schon, meine Herren? – diese Mauern sind solide aufgeführt.« Und hier – rein aus tollem Übermut – schlug ich mit einem Stock, den ich gerade bei der Hand hatte, kräftig auf die Stelle des Mauerwerks, hinter der sich die Leiche meines einst so geliebten Weibes befand.

Aber – möge Gott mir gnädig sein und mich retten aus den Krallen des Erzfeindes! – kaum war der Schall meiner Schläge verhallt, als eine Stimme aus dem Grabe mir Antwort gab. Es war ein Schreien, zuerst erstickt und abgebrochen wie das Weinen eines Kindes, dann aber schwoll es an zu einem ununterbrochenen, durchdringenden und unheimlichen Gekreisch, das keiner menschlichen Stimme mehr zu vergleichen war – zu einem bald jammervoll klagenden, bald höhnisch johlenden Geheul, wie es nur aus der Hölle kommt, wenn das Wehklagen der zu ewiger Todespein Verdammten sich mit dem Frohlocken der Höllengeister zu einem Schall vereint.

Es ist wohl überflüssig, noch davon zu sprechen, was ich in diesem Augenblick empfand. Ohnmächtig taumelte ich an die gegenüberliegende Mauer. Die Leute auf der Treppe standen regungslos, von Schreck und Entsetzen gelähmt. Im nächsten Moment aber arbeitete ein Dutzend kräftiger Hände daran, die Mauer einzureißen. Sie fiel. Der schon stark in Verwesung übergegangene und mit geronnenem Blut bedeckte Leichnam stand aufrecht vor den Augen der Männer. Auf seinem Kopf saß, mit weit aufgesperrtem rotem Rachen und dem einen glühenden Auge, die fürchterliche Katze, deren teuflische Gewalt mich zum Mörder gemacht hatte und deren Stimme mich nun den Henkern überlieferte. Ich hatte das Scheusal in das Grab mit eingemauert.

ANHANG

Editorische Notiz

Gisela Etzel (1880–1918), deren Übertragungen dieser Ausgabe zugrunde liegen, hat Texte aus dem Englischen, Amerikanischen und Französischen ins Deutsche übertragen; sie übersetzte neben Edgar Allan Poe u. a. Honoré de Balzac und Oscar Wilde.

Der vorliegenden Auswahl liegt folgende Ausgabe zugrunde:

Edgar Allan Poe: Werke. 6 Bde. Hrsg. v. Theodor Etzel. Berlin 1922.

Daten zu Leben und Werk

1809
19. Januar: Geburt als zweites Kind der Wanderschauspieler David Poe und Elizabeth Poe (geb. Arnold, verwitwete Hopkins) in Boston, Massachusetts.

1810
Geburt der Schwester Rosalie.

1811–1812
Tod der Mutter in Richmond, Virginia. Kurze Zeit darauf stirbt auch der Vater, der sich zuvor von der Familie getrennt hatte. Der in Richmond ansässige schottische Händler John Allan und seine Frau Frances werden Edgars Pflegeeltern. 1812: Taufe auf den Namen Edgar Allan Poe.

1814
Beginn der schulischen Ausbildung.

1815–1820
1815: Übersiedlung der Familie Allan nach Schottland aus geschäftlichen Gründen. Besuch verschiedener Privatschulen in Schottland und England. 1820: Rückkehr der Familie nach Richmond.

1824:
Abfassung eines Zweizeilers (erster erhaltener lyrischer Versuch). Tod von Jane Stith Stanard, der Adressatin von Poes erstem Liebesgedicht *To Helen*, das 1831 erscheint.

1825
John Allan erbt ein stattliches Vermögen. Von der damit verbundenen durchgreifenden Verbesserung der finanziellen Situation

profitiert Poe jedoch kaum, da sich die Beziehung zu seinem Pflegevater zunehmend verschlechtert.

1826–1827
Ab 1826: Studium an der University of Virginia in Charlottesville, überschattet von Finanznöten, Spielschulden und zunehmender Alkoholabhängigkeit. Erste epische Versuche. Verlobung mit Elmira Royster, die jedoch von deren Eltern zugunsten des vermögenden Alexander B. Shelton aufgelöst wird. 1827: Vergeblicher Versuch, den Vater zur Begleichung der aufgelaufenen Schulden zu bewegen. Abbruch des Studiums und Einschiffung nach Boston unter falschen Namen.

1827–1831
1827: Eintritt in die US Army unter dem Namen Edgar A. Perry. In Boston erscheint das erste Buch, *Tamerlane and Other Poems*, versehen lediglich mit der Angabe »by a Bostonian«. 1829: Beförderung zum Sergeant-Major. Tod der Pflegemutter. Ehrenhafte Entlassung aus der US Army. Bis zum Antritt des Dienstes an der Militärakademie von West Point (1830) Unterkunft bei seiner Tante Maria Clemm und deren Tochter Virginia in Baltimore, wo 1829 das zweite Buch, *Al Aaraaf, Tamerlane, and Minor Poems*, erscheint. 1831: Entlassung aus der Militärakademie wegen »Ungehorsams«.

1831–1835
1831: Rückkehr nach Baltimore zu Maria und Virgina Clemm. Cholera-Epidemie, die auch in Poes Werk ihren Niederschlag findet. In New York erscheint die zweite Ausgabe von *Poems by Edgar A. Poe*. Tod des älteren Bruders Henry Leonard Poe 1832: In *The Philadelphia Saturday Courier* werden fünf Erzählungen von Poe veröffentlicht (u. a. *Metzengerstein*). 1833: Gewinn des ersten Preises in einem Autorenwettbewerb mit *MS. Found in a Bottle*. 1834: John Allan stirbt, ohne Poe ein Erbe zu hinterlassen. 1835: Veröffentlichung verschiedener Erzählungen in

The Southern Literary Messenger (u.a. *Berenice, Morella, The Unparalleled Adventure of One Hans Pfaall*).

1835–1837

1835: Umzug nach Richmond. Herausgabe des *Southern Literary Messenger* im Auftrag Thomas W. Whites. 1836: Poe heiratet seine Cousine Virginia. Veröffentlichung des Essays *Maelzel's Chess Player*. 1837: Aufgrund wirtschaftlicher Schwierigkeiten des *Southern Literary Messenger* Umzug nach New York.

1838–1843

1838: Umzug nach Philadelphia. Poes umfangreichstes Werk, *The Narrative of A. Gordon Pym of Nantucket*, und die Erzählung *Ligeia* werden veröffentlicht. 1839: *The Conchologist's First Book*, ein Lehrbuch über Muscheln und Schnecken, erscheint unter Poes Namen und wird zu seinem größten Verkaufserfolg, begleitet vom Vorwurf des Plagiats. 1839: Poe wird Redakteur und Mitherausgeber von William E. Burton's *Gentleman's Magazine*, für das er nicht nur Erzählungen (u.a. *The Fall of the House of Usher*), sondern auch Reportagen und kurze Forschungsberichte verfasst. 1840 erscheint die Sammlung *Tales of the Grotesque and Arabesque*. 1841: Herausgeber von *Graham's Magazine*. Mit *The Murders in the Rue Morgue* eröffnet Poe die Reihe der Erzählungen um den Detektiv C. Auguste Dupin, mit der er zugleich das Genre des modernen Kriminalromans begründet. Im gleichen Jahr wird *A Descent into the Maelström* veröffentlicht. 1842: Es erscheinen u.a. die Erzählungen *The Masque of the Red Death* und *The Pit and the Pendulum*. Virginia erleidet einen Blutsturz. Kündigung der Stellung bei *Graham's Magazine* und vergebliche Bewerbung um ein Amt im »Treasury Department« in Washington. 1843: Gewinn eines vom *Dollar Newspaper* ausgesetzten Preises mit *The Gold-Bug*. In der *United States Saturday Post* erscheint *The Black Cat*. Veröffentlichung von *The Prose Romances of Edgar A. Poe*.

1844–1848

1844: Umzug nach New York. 1845: Im *Evening Mirror,* an dessen Herausgabe Poe beteiligt ist, erscheint *The Raven.* Durch den überwältigenden Erfolg des Gedichts steigt sein Ansehen als Schriftsteller beträchtlich. Noch im gleichen Jahr wird er Herausgeber der Zeitschrift *The Broadway Journal,* und es erscheint der Sammelband *The Raven and Other Poems.* 1846: *The Broadway Journal* wird wegen finanzieller Probleme eingestellt. In *Graham's Magazine* erscheint der richtungsweisende theoretische Essay zur Dichtkunst, *The Philosophy of Composition.* 1847: Virginia Poe stirbt im Alter von 24 Jahren an Tuberkulose. Poe artikuliert seine Trauer in dem Gedicht *Annabel Lee* (postum 1849). 1848: Publikation von *Eureka – A Prose Poem,* einer physikalisch-poetischen Spekulation über das Wesen des Universums, die in der öffentlichen Kritik ein geteiltes Echo hervorruft. Aufgrund von Poes fortbestehender Alkoholabhängigkeit wird seine Verlobung mit Sarah Helen Whitman schon bald nach ihrem Zustandekommen wieder aufgelöst.

1849

Versuch einer Wiederanknüpfung der Beziehung zu der inzwischen verwitweten Elmira Royster Shelton. Auf dem Rückweg von einer Vortragsreise wird Poe bewusstlos in einer Gaststätte in Baltimore aufgefunden. Er stirbt am 7. Oktober 1849 im dortigen Washington College Hospital. Beisetzung auf dem Friedhof der Westminster Presbyterian Church (heute »Westminster Hall and Burying Ground«).

Aus Kindlers Literatur Lexikon:
Edgar Allan Poe, ›Das erzählerische Werk‹

Edgar Allan Poes Kurzgeschichten sind bis heute der bekannteste Bestandteil seines Gesamtwerks. Liest man sie vor dem Hintergrund seiner 1842 in einer Rezension von Nathaniel Hawthornes *Twice-Told Tales*, 1837 (*Zweimal erzählte Geschichten*, 1852), entwickelten Definition, die die (erst später so genannte) Short Story als eigenständiges Genre etablierte, so zeigt sich, dass die Vorstellung einer sorgsam vom Künstler konstruierten, auf einen einheitlichen Effekt hin ausgerichteten Fiktion zu den zentralen Topoi des Poe'schen Werks gehört.

Bis 1832 veröffentlichte Poe drei Gedichtbände, die ihm allerdings weder den erhofften Ruhm noch finanziellen Erfolg eintrugen. Zu diesem Zeitpunkt begann er Erzählungen zu verfassen, von denen 1832 als erste *Metzengerstein* (dtsch. 1922, G. Etzel) im *Philadelphia Saturday Courier* erschien. Von 1833 bis 1836 bemühte sich Poe, einen Erzählzyklus mit dem Titel *Tales of the Folio Club* (*Die Geschichten des Folio Clubs*) herauszubringen, wobei es sich beim Folio Club um einen fiktiven literarischen Kreis von elf Mitgliedern handeln sollte. Es gelang ihm jedoch nicht, einen Verleger von diesem Projekt zu überzeugen. Die Kurzgeschichten wurden stattdessen in Zeitungen publiziert. Für eine dieser Erzählungen, *MS. Found in a Bottle*, 1833 (*Das Manuskript in der Flasche*, 1922, M. Bretschneider), wurde Poe vom *Saturday Visiter* mit einem Preis von 50 Dollar ausgezeichnet. Sie gehört zu den meist als ›Abenteuererzählungen‹ klassifizierten Kurzgeschichten. In dieser Erzählung, die viele Motive seines einzigen Romans *The Narrative of Arthur Gordon Pym of Nantucket*, 1838 (*Die denkwürdigen Erlebnisse des Arthur Gordon Pym*, 1918, G. Etzel), vorwegnahm, überlebt der Erzähler den Untergang eines Frachtschiffs in einem Wasserstrudel. Ein riesiges schwarzes Schiff taucht auf, der Erzähler wird an Bord gespült und kann sich verstecken.

Nachdem ihm bewusst geworden ist, dass die Crew ihn nicht sieht, begibt er sich in die Kapitänskajüte und beginnt, seinen Bericht niederzuschreiben. Die Kurzgeschichte wird in Form von Tagebuchnotizen fortgeführt. Das Geisterschiff, das in Bauart und Besatzung an die Legende vom ›Fliegenden Holländer‹ erinnert, gerät in einen plötzlich auftretenden Strudel und wird in die Tiefe des Meeres gezogen. Wie der Titel nahelegt, überlebt das Manuskript – offenbar im Gegensatz zum Erzähler. Die Aufzeichnungen bleiben fragmentarisch und existieren nur aufgrund der Vernichtung des erzählenden Subjekts.

Schon hier stehen das Thema verhinderter Erkenntnis und die Vormacht der Imagination über die reine Rationalität im Mittelpunkt. 1841 greift Poe das Motiv des tödlichen Wasserstrudels in *A Descent into a Maelstrom* (*Maelstrom*, 1883, J. Möllenhoff) erneut auf. Hier beendet der Erzähler seine Geschichte über den zugleich faszinierenden und fürchterlichen Maelstrom mit der Aussage, andere Fischer hielten seine Geschichte für unglaubwürdig. Er erwarte auch nicht, dass sein jetziger Zuhörer sie ihm abnehme. Die Frage nach der Glaubwürdigkeit des Erzählers wie auch der Zweifel an der epistemologischen Trennschärfe der Unterscheidung von Realität und Imagination gehören zu den zentralen Effekten der Poe'schen Texte. Weitere eindrucksvolle Beispiele hierfür finden sich in der 1840 erschienenen zweibändigen Ausgabe der *Tales of the Grotesque and Arabesque* (*Grotesken und Arabesken*). Von den 25 Erzählungen dieser Sammlung, der 1843 und 1845 noch weitere Sammelbände zu Poes Lebzeiten folgten, sind heute besonders *The Fall of the House of Usher*, 1839 (*Der Untergang des Hauses Usher*, 1883, J. Möllenhoff), *William Wilson*, 1839 (dtsch. 1922, J. v. der Goltz), und *Ligeia*, 1838 (dtsch. 1853, W.E. Drugulin), populär. All diese Werke thematisieren die furchterregenden Erlebnisse eines zunächst arglosen männlichen Erzählers, der schließlich mit Tod und physischem Zerfall konfrontiert wird.

In *The Fall of the House of Usher* sucht der Erzähler den Familiensitz seines Freundes Roderick auf, des letzten männlichen Nachkommen der Familie Usher. Der melancholische, hypochondrische Roderick leidet unter Übersensibilität und Angstzuständen. Nachdem Roderick sein Gedicht *The Haunted Palace* (*Der verzauberte Palast*) vorgetragen hat, erklärt er, dass Kräfte, die von dem Haus selbst ausgehen, vermutlich sein Leiden auslösen. Rodericks Schwester und einzige Gefährtin Madeline leidet nach ärztlicher Meinung an Katalepsie (Starrkrampf). Nachdem Roderick dem Erzähler mitteilt, dass Madeline (die der Erzähler nun als Rodericks Zwilling identifiziert) verstorben sei, wird ihr Körper in die Familiengruft gelegt. Rodericks Zustand verschlechtert sich zusehends, und als der Erzähler ihm aus *Mad Trist* von Sir Launcelot Canning – dem fiktiven Werk eines fiktiven Autors – vorliest, werden die im Ritterroman beschriebenen Geräusche real. Roderick glaubt, er habe seine Schwester lebendig begraben und sie versuche nun, sich zu befreien. Plötzlich öffnet sich die Tür: Im Raum steht Madeline, in das vom Überlebenskampf blutbefleckte Leichentuch gehüllt. Roderick stirbt vor Entsetzen, noch bevor die sterbende Madeline ihn mit sich zu Boden reißt. Der Erzähler flieht aus dem Haus, das nun an einem Riss in zwei Teile zerbricht und in sich zusammenstürzt. Der ›haunted palace‹ der Ushers, der in der Tradition von Horace Walpoles *The Castle of Otranto*, 1764 (*Die Burg von Otranto*, 1794), also der ›Gothic Novel‹ steht, bietet ein Bild des Verfalls. Auch wenn für einige phantastische Vorkommnisse rationale Erklärungen angeboten werden – Madelines Katalepsie als Ursache ihrer ›Totenstarre‹, die marode Baustruktur des Hauses als Ursache für seinen Zerfall –, siegt doch der Effekt des Phantastischen über die klaren Zuordnungen der Vernunft.

Das Lebendig-begraben-Sein, das dem Leser auch in *The Premature Burial*, 1844 (*Lebendig Begraben*, 1922, G. Etzel), *The Cask of Amontillado*, 1846 (*Das Fass Amontillado*, 1922, G. Etzel), und *The Black Cat*, 1843 (*Die schwarze Katze*, 1883, J. Möllenhoff), begegnet, sowie die Erscheinung des ›untoten‹ Körpers, die in vielen Erzählungen prominent vertreten ist, gehören zum Kern des Poe'schen Motivinventars. Das letzte Motiv ist besonders in den Erzählungen der sogenannten ›Marriage Group‹ (›Hochzeitsgruppe‹, D. Hoffman), *Berenice*, 1835 (dtsch. 1922, G. Etzel), *Morella*, 1835 (dtsch. 1922, G. Etzel), und *Ligeia*, 1838 (dtsch. 1920, G. Etzel), zentral. Der männliche Protagonist, der seinen weiblichen Widerpart zunächst als Verkörperung des Überirdischen wahrnimmt, wird hier schließlich – wie Roderick Usher – mit der schrecklichen Diesseitigkeit seiner vampirischen Gefährtin konfrontiert.

In *Ligeia* (von Poe für seine beste Erzählung gehalten) berichtet der Erzähler retrospektiv von seiner Braut, deren Herkunft er nicht erinnert und deren unirdische Schönheit und Gelehrtheit er mit Kunstwerken unterschiedlichster Epochen vergleicht. Der Erzähler taucht in Erwartung metaphysischer Erkenntnis ganz in die Welt der mit gedämpfter Stimme sprechenden Ligeia mit ihrem rabenschwarzen Haar ein. Er will sich in den großen leuchtenden Augen seiner Braut, die »kam und ging wie ein Schatten«, verlieren. Es ist ihm jedoch nicht vergönnt, durch sie die gewünschte Offenbarung zu erlangen, da sie plötzlich erkrankt und in einen wilden Todeskampf eintritt. Bevor sie stirbt, trägt der Erzähler Ligeia ein von ihr selbst verfasstes Gedicht über die Macht des ›conqueror worm‹ (Eroberer Wurm) und die menschliche Vergänglichkeit vor, woraufhin sie sich ein letztes Mal aufbäumt und mit dem Schlusssatz eines angeblichen Glanvill-Zitats, das der Erzählung vorangestellt ist, ihr irdisches Dasein beschließt. Der Erzähler zieht nach England, wo er sich eine abgelegene Abtei kauft, sich dem Opiumrausch hingibt und die blonde, blauäugige Lady Rowena Trevanion of Tremaine heiratet. Bald schon beginnt er, diese neue Braut ohne Geheimnis, die so ganz das Gegenteil der unirdischen Ligeia ist, zu hassen und sich mehr denn je nach seiner ersten Braut zurückzusehnen. Auch Rowena ereilt ein mysteriöser Tod. Der Erzähler versinkt beim Anblick ihrer Leiche in Erinnerungen an die tote Ligeia, vernimmt ein Seufzen und beobachtet eine leichte Wangenröte beim Leichnam. Seine Wiederbelebungsversuche sind jedoch vergeblich – die Leichenstarre tritt wieder ein. Dieser Vorgang wiederholt sich mehrmals, bis sich der Körper schließlich erhebt und durch den Raum schreitet. Der Erzähler wirft sich ihr zu Füßen, die Leichentücher lösen sich, schwarzes, zerzaustes Haar kommt zum Vorschein und schließlich öffnen sich die Augen dieses Körpers, in dem der Erzähler, nun ganz außer sich, Ligeia erkennt und ihren Namen ausruft.

Ligeia, deren Name in der griechischen Mythologie eine der drei Sirenen bezeichnet und den Poe auch in dem Gedicht *Al Aaraaf*, 1829 (dtsch. 1922, K. Lerbs), verwendet, dient dem Erzähler als verherrlichtes Spiegelbild, in dem er sich selbst verlieren und das er zugleich vereinnahmen will. Von der geistigen Vereinigung mit Ligeia verspricht er sich eine ›unio mystica‹, und als diese ihm verwehrt bleibt, stirbt sie. Der Erzähler provoziert schließlich nur die Konfrontation mit dem, was er zu transzendieren versucht: dem vergänglichen menschlichen Körper, der als Nemesis fungiert (F. Kelleter). Dieses Nichtstattfinden von Transzendenz trotz herbeiphantasierter erhabener Objekte ist auch Thema von *The Sphinx*, 1846 (*Die Sphinx*, 1922, G. Etzel), und der mit »The Island of the Fay«, 1841 (*Die Insel der Fee*, 1922, M. Ewers), zu den ›Plate articles‹ (die Poe als Auftragsarbeiten zur literarischen Illustration von Stichen verfasste) zu rechnenden Erzählung *Morning on the Wissahiccon* (auch bekannt als *The Elk*), 1843 (*Der Elch*, 1922, J. v. der Goltz). Sowohl der edle Elch in *Morning on the Wissahiccon*, der in der Vision eines ursprünglichen, vom modernen Fortschritt unberührten Amerika auftaucht, als sei er einem Szenario von James Fenimore Cooper entflohen, als auch das riesige, haarige Ungetüm, das der von Omen faszinierte Erzähler von *The Sphinx* erblickt, als er von einem Buch aufschaut, stellen sich als banale Lebewesen ohne jegliche Grandezza oder Erhabenheit heraus: Der Elch ist ein zahmes Haustier, das Monster ein winziges Insekt.

Vor diesem Hintergrund wird umso klarer, dass die wie in *Berenice* oder *The Tell-Tale Heart*, 1843 (*Das verrätherische Herz*,

1883, J. Möllenhoff), monomanisch verfolgten Objekte der Begierde immer auch als Projektionen der Protagonisten selbst gelesen werden können. Dies gilt in *William Wilson* auch für den verhassten Doppelgänger des gleichnamigen Erzählers, dessen Geständnis am Sterbelager sich als wenig glaubhaft erweist. Der Doppelgänger, den Wilson schließlich tötet, womit er seinem eigenen Leben ein Ende setzt, sucht den Erzähler immer dann heim, wenn dieser sich Ausschweifungen und Betrügereien hingibt.

In dieser Doppelgängerkonstellation wird der Zwiespalt der Figuren Poes deutlich, die einerseits um die richtige Handlungsweise wissen, andererseits aber dem Impuls unterliegen, diesem Wissen zuwider zu handeln. Diese Spannung ist das Thema der Erzählung *The Imp of the Perverse*, 1845 (*Der Teufel der Verkehrtheit*, 1922, G. Etzel), in der Poe eben solche amoralischen Zwangshandlungen als ›pervers‹ definiert. Diese ›perversity‹ steht auch in den beliebten Erzählungen *The Black Cat* und *The Tell-Tale Heart* im Mittelpunkt. In *The Tell-Tale Heart*, dem Musterbeispiel der Poe'schen Kurzgeschichte, das zu seinen Lebzeiten in keiner Sammlung erschien, berichtet der nervöse, übersensible Erzähler von seiner paranoiden Furcht vor dem schrecklichen Auge seines Mitbewohners, eines älteren Herren. Da dessen Auge ihn an das eines Geiers erinnert, plant und probt er minutiös den Mord des alten Mannes, den er nun immer um Mitternacht heimsucht, um in der Dunkelheit plötzlich mit einem schmalen Lichtstrahl auf dessen Auge zu leuchten. Er brüstet sich dem imaginären Adressaten gegenüber mit seiner überlegten, geschickten Vorgehensweise, wobei seine manische, von Wiederholungen, Ellipsen, Parenthesen, rhetorischen Fragen und Ausrufen geprägte Geschichte ganz und gar nicht von besonnener Gelassenheit zeugt. Als das verhasste Auge eines Nachts geöffnet ist, während der Lichtstrahl darauf fällt, erstickt der Erzähler den alten Mann, zerstückelt den Leichnam und versteckt diesen unter den Dielen. Als die Polizei ihn aufsucht, fordert er sie heiter auf, das Haus zu durchsuchen und setzt sich zum gemeinsamen Gespräch triumphierend just auf den Platz, an dem die Überreste seines Opfers verscharrt sind. Im Verlauf des Gesprächs hört er ein immer lauter werdendes Pochen – er meint, das Herz des alten Mannes schlagen zu hören. Er versucht immer verzweifelter, das Geräusch zu übertönen, ist schließlich aber überzeugt, das Herz habe ihn verraten, und schreit den Polizisten sein Geständnis entgegen. Das Objekt der Faszination wird auch hier wieder zur Projektionsfläche des Erzählers, der seine eigenen Todesängste in dem alten Mann mit dem ›evil eye‹, dem bösen Blick, wiedererkennt. Mit der Ermordung dieser Personifikation der eigenen Sterblichkeit (so F. Kelleter) übernimmt der Protagonist selbst die Rolle der allmächtigen Gottheit und wird für diese Hybris durch den allein in ihm selbst begründeten Vergeltungsdrang zur Strecke gebracht.

Die Betonung der rationalen Überlegenheit, die dieser Erzähler, wie auch jener aus *The Black Cat*, an den Tag legt, ist das Markenzeichen der sogenannten ›Tales of Ratiocination‹ (analytische Geschichten) um den Detektiv Auguste Dupin. Zu dieser Werkgruppe gehören die Erzählungen *The Murders in the Rue Morgue*, 1841 (*Der Mord in der Rue Morgue*, 1875, A. Scheibe), *The Mystery of Marie Rogêt*, 1842/43 (*Der Fall Marie Rogêt*, 1882, A. Mürenberg), und *The Purloined Letter*, 1844 (*Der entwendete Brief*, 1882, A. Mürenberg). Auch wenn Poes um Tod, Angst und Verfall kreisenden Schauererzählungen bis heute am populärsten geblieben sind, ist der literaturgeschichtliche Einfluss der Dupin-Erzählungen kaum zu überschätzen. Vor allem die Figur des Detektivs, der in Konkurrenz zur Polizei Verbrechen aufklärt und dabei von einem weniger beeindruckenden ›sidekick‹ begleitet wird, prägte das Genre. Poes scharfsinniger Amateurdetektiv Auguste Dupin, dessen prominentester Nachfolger sicher Sir Arthur Conan Doyles Sherlock Holmes ist, deckt wie Legrand aus *The Gold Bug*, 1843 (*Der Goldkäfer*, 1853, W.E. Drugulin), mit seiner persönlichen ›Intuition‹ verdeckte Zusammenhänge auf: Er eignet sich die Perspektive seines Widersachers an und wiederholt durch diese Imitation dessen Aufbegehren gegen die bestehende Ordnung. Während sein schlichterer Begleiter vergeblich bemüht ist, Dupins Methoden nachzuvollziehen, dabei aber immer nur in bewunderndem Staunen verharren kann, wird der umso mehr verherrlichte und mystifizierte Detektiv zu einer allgewaltigen Ersatz-Gottheit, zum romantischen Heroen. Dupin, selbst so ›outré‹ wie das Verbrechen in *The Murders in the Rue Morgue*, ist als Gegenentwurf zum Utilitarismus eines Benjamin Franklin konstruiert, den Poe auch in seiner Satire *The Business Man*, 1840 (*Der Geschäftsmann*, 1922, W. Durian) in der Figur des Peter Proffit parodiert. Dupins Allmacht in seinem zur Realität erklärten Gedankengefüge deutet schon auf die Erzählerinstanz eines ›Gott-Autors‹ (F. Kelleter) in *Eureka*, 1848 (*Heureka*, 1922, E. Keller), hin, die sich mit ihrer Verschriftlichung der Kosmologie an die Stelle des Schöpfers setzt und von dieser Warte aus das Nichts zur eigentlichen Heimat alles Weltlichen erklärt. Nur der künstlerische Schaffensakt bietet einen Zugang zu diesem göttlichen Nichts, aus dem die Dinge entstehen und in dem sie am Ende ihren Zusammenfall erfahren. Der ›Gott-Autor‹ inthronisiert sich selbst als einziger Sprecher des allmächtigen Nichts und lässt gleichwohl durchblicken, dass auch seine Erzählung nur als Fiktion Zugang zu dieser Wahrheit beansprucht.

Selbst die postapokalyptischen Szenarien der ›Angelic Dialogues‹ (Engeldialoge) und die ›überirdischen‹ Flugabenteuer in *The Unparalleled Adventure of One Hans Pfaall*, 1835 (*Das unvergleichliche Abenteuer eines gewissen Hans Pfaall*, 1922, G. Etzel), oder *The Balloon-Hoax*, 1844 (*Der Lügenballon*, 1922, W. Durian), sind Fiktionen der Aufhebung und Aneignung. Auch die Abhandlungen über die Fehlschläge in der Geschichte der Aeronautik und Poes Bemerkungen über die falschen Erklärungen des damals weltberühmten ›Schachtürken‹ in *Maelzel's Chess Player*, 1836 (*Mälzels Schachspieler*, 1922, E. v. Baudissin), legitimieren einmal mehr die Autorität des ›Gott-

Autors‹, dessen fiktionale Gebilde der banalen und unzureichenden Realität überlegen sind.

Diesen Anspruch auf Wahrnehmungs- bzw. Deutungshoheit legt auch Ellison aus *The Domain of Arnheim*, 1846 (*Der Herrschaftssitz Arnheim*, 1922, M. Ewers), an den Tag. In dieser mit *Landor's Cottage*, 1849 (*Landors Landhaus*, 1922, M. Ewers), zu den Landschaftserzählungen gehörenden Geschichte steht die aktive Manipulation der Sinneswahrnehmung im Mittelpunkt: In ähnlicher Konstruktion wie in den ›Tales of Ratiocination‹ wird hier zunächst ein Ersatzgott aus der Perspektive eines unspektakulären Bewunderers geschaffen. Ellison, durch Erbschaft zu unglaublichem Reichtum gelangt, nutzt sein Kapital, um seinen eigenen Garten Eden zu schaffen, in dem er alle Zeichen der Vergänglichkeit zu eliminieren versucht. Die Vergänglichkeit hat diesen selbst ernannten Schöpfer allerdings schon eingeholt: Der Erzähler kann nur noch postum von ihm berichten. Ellisons Herrschaftssitz Arnheim überlebt und erlaubt dem Besucher eine gelenkte Fahrt durch eine mit technischen Tricks animierte Landschaft, ein »Gothic Disney Land mit teueren Sensationen« (F. Kelleter). Ob Ellison dem Besucher in seinem künstlichen Paradies die Simulation eines Ortes der Aufhebung aufzwingt oder selbst wie die Gartenbesucher vom technologischen Erhabenen der Paradies-Maschine in den (mit Transzendenz-Simulationen verschönten) Tod geschickt wird – in jedem Fall ist Ellisons apokalyptisches Kunst-Paradies wie Landors Cottage eine Stätte der Täuschung, der Simulation des Erhabenen.

Auch die mesmeristischen Erzählungen *A Tale of the Ragged Mountains*, 1844 (*Erzählung aus den Ragged Mountains*, 1883, J. Möllenhoff), *Mesmeric Revelation*, 1844 (*Eine mesmeristische Offenbarung*, 1922, W. Durian), und *The Facts in the Case of M. Valdemar*, 1845 (*Die Tatsachen im Falle Waldemar*, 1922, G. Etzel), verraten nicht nur Poes Interesse am Spiritismus, sondern fokussieren thematisch den zum Scheitern verurteilten Versuch der Inbesitznahme des Todes und des Moments der Offenbarung. Wie zum Hohn spricht Valdemar die unausssprech-lichen Worte: »Ich bin tot« und weist damit die sich ihrer selbst bewusste Fiktion als den eigentlichen und einzigen Ort aus, an dem der Tod versprachlicht werden kann.

Die scheinbare Inkohärenz des Poe'schen Erzählwerks kann in dieser Betrachtungsweise relativiert werden. Gleiches gilt für den Versuch, sein Gesamtwerk als einzigen großen Schwindel, als ›hoax‹ zu interpretieren. Dieser Standpunkt schafft zwar ein Gegengewicht zur ursprünglichen Vernachlässigung der satiri-schen und humoresken Erzählungen, die die Schauererzählun-gen in puncto Popularität nie einholen konnten; doch wie bei dem Ansatz, sie nur als selbstironische Kommentare zu den Schauergeschichten zu lesen – z.B. *King Pest*, 1835 (*König Pest*, 1922, G. Etzel), als ironische Fassung von *The Masque of the Red Death*, 1842 (*Die Maske des rothen Todes*, 1883, J. Möllen-hoff), und *Thou Art the Man*, 1844 (*Du bist der Mann*, 1922, G. Etzel), als Dupin-Parodie –, wird hier übersehen, dass den Satiren dieselben epistemologischen Fragestellungen zugrunde liegen wie den Abenteuer- und Schauererzählungen.

Poes erzählerisches Werk zeichnet sich durch hohe Komple-xität aus: Hier verbinden sich Schauerromantik, Literatur- und Gesellschaftssatire, Abenteuer- und Detektiverzählungen. Die Kurzgeschichten zeugen von seiner Auseinandersetzung mit Idealismus, Transzendentalismus, den zeitgenössischen Medien, technologischem Fortschritt, Expansion, naturwissenschaftlichen Theorien, Literatur- und Ästhetiktheorie. Auch wenn Poe, u.a. wegen seiner Rückbezüge auf deutsche und britische Romanti-ker, wegen seines Einflusses auf den Symbolismus und beson-ders wegen seiner Rezeption Charles Baudelaires, immer noch der Ruch anhaftet, ein ›unamerikanischer‹ Autor zu sein, lässt sich festhalten, dass er nicht nur auf frühe amerikanische Tra-ditionen wie Puritanismus und Republikanismus Bezug nahm, sondern sehr bewusst auch die kulturellen Eigenheiten der 1840er Jahre reflektierte. Auf diese Weise gelang es ihm, die Phä-nomene der sich ankündigenden amerikanischen Moderne um einiges präziser und weitblickender zu erfassen als manche zeitgenössische literarische Berühmtheit.

Schon mit Rufus Griswolds moralisierendem Nachruf beginnt die lange Geschichte der biographischen Erklärung des Poe'schen Werkes, darunter auch viele psychoanalytische Analysen (etwa durch Marie Bonaparte). Tendenziell werfen diese Lektüren jedoch mehr Schatten als Licht auf das komplexe Gesamtwerk. Betrachtet man die beschriebenen epistemologischen, thanatologischen und ästhetischen Fragestellungen von Poes ›effektvollen‹ Kurzgeschichten, so zeigt sich ein spannenderes Gesamtbild, das weit über das des Gruselautors hinausgeht und erklärt, warum Poe nachhaltigen Einfluss auf so unterschiedliche Autoren wie Walt Whitman, Jules Verne, Fëdor Dostoevskij, Oscar Wilde, H.P. Lovecraft, F. Scott Fitzgerald, William Faulkner, Jorge Luis Borges, Vladimir Nabokov, Ralph Ellison und Stephen King ausübte. Wann immer Poes Erzähler hartnäckig nach einer höheren Realität suchen oder sich in ein vorindustrielles Zeitalter zurückträumen, holt das gleichzeitig heraufbeschworene Poe'sche Nichts, aus dem alles entspringt und in das alles zurückkehrt, sie ein. In fast postmoderner Manier überlagern sich im Widerstreit stehende Realitätssysteme, wird besessen nach Zeichen gesucht, die sich jedoch klarer Zuweisungen entziehen. Bei Poe, dessen Erzählungen vielfach von Roger Corman, aber auch von Federico Fellini, Louis Malle und Roger Vadim verfilmt wurden, liegt die einzige Möglichkeit der Aneignung von Objekten, der Teilhabe an Offenbarung, Erhabenheit und eindeutiger Sinnzuweisung in der kunstvollen, oft auch explizit schriftlichen, selbstbewussten Simulation.

Stephanie Sommerfeld

Aus: Kindlers Literatur Lexikon. 3., völlig neu bearbeitete Auflage. Herausgegeben von Heinz Ludwig Arnold (ISBN 978-3-476-04000-8). – © der deutschsprachigen Originalausgabe 2009 J. B. Metzler'sche Verlagsbuchhandlung und Carl Ernst Poeschel Verlag, Stuttgart (in Lizenz der Kindler Verlag GmbH).

Fischer Klassik

Mein Klassiker
Autoren erzählen
vom Lesen
Band 90001

Jane Austen
Stolz und Vorurteil
Band 90004

Giovanni Boccaccio
Das Dekameron
Band 90006

Karl Marx
Das große Lesebuch
Herausgegeben von
Iring Fetscher
Band 90002

**Phantastisch zwecklos
ist mein Lied**
Deutsche Gedichte
vom Mittelalter bis zur
Klassischen Moderne
Band 90003

Honoré de Balzac
Die Frau von dreißig Jahren
Band 90005

Miguel de Cervantes Saavedra
**Don Quixote von
la Mancha**
Übersetzt von Ludwig Tieck
Band 90007

Choderlos de Laclos
Schlimme Liebschaften
Übersetzt von Heinrich Mann
Band 90025

Dante Alighieri
Die Göttliche Komödie
Band 90008

Charles Dickens
David Copperfield
Band 90009

Fjodor Dostojewskij
Verbrechen und Strafe
Neu übersetzt von S. Geier
Band 90010

Das ausführliche Programm von Fischer Klassik
finden Sie unter:
www.fischer-klassik.de

Fischer Taschenbuch Verlag

fi 666 040 / 1 / a

Fischer Klassik

Franz Kafka
Das Urteil /
Die Verwandlung
Originalfassung
Band 90020

Immanuel Kant
Zum ewigen Frieden
und andere Schriften
Band 90021

Gottfried Keller
Kleider machen Leute /
Romeo und Julia
auf dem Dorfe
Band 90022

Heinrich von Kleist
Michael Kohlhaas
Band 90023

Adolph Freiherr Knigge
Über den Umgang
mit Menschen
Band 90024

Heinrich Mann
Der Untertan
Band 90026

Thomas Mann
Der Tod in Venedig und
andere Erzählungen
Band 90027

Prosper Mérimée
Carmen und
andere Novellen
Band 90028

Michel de Montaigne
Von der Freundschaft
und andere Essais
Band 90029

Das Nibelungenlied
Mittelhochdeutscher Text
und Übertragung. Band 1
Band 90131

Das ausführliche Programm von Fischer Klassik
finden Sie unter:
www.fischer-klassik.de

Fischer Taschenbuch Verlag

fi 666 040 / 1 / c

Fischer Klassik

Das Nibelungenlied
Mittelhochdeutscher Text
und Übertragung. Band 2
Band 90132

Edgar Allan Poe
**Der Untergang des
Hauses Usher und
andere Erzählungen**
Band 90031

Friedrich Schiller
**Die Räuber /
Kabale und Liebe**
Band 90032

Gustav Schwab
**Die schönsten Sagen des
klassischen Altertums**
Band 90033

William Shakespeare
Hamlet
Übertragen von
August Wilhelm Schlegel
Band 90034

Sophokles
Antigone / König Ödipus
Band 90035

Theodor Storm
**Der Schimmelreiter /
Immensee**
Band 90036

Mark Twain
**Die Abenteuer
von Tom Sawyer**
Band 90037

Virginia Woolf
Mrs Dalloway
Übersetzt von
Walter Boehlich
Band 90038

Carl Zuckmayer
**Der Hauptmann
von Köpenick**
Band 90039

Das ausführliche Programm von Fischer Klassik
finden Sie unter:
www.fischer-klassik.de

Fischer Taschenbuch Verlag

fi 666 040 / 1 / d

Edgar Allan Poe
Der Untergang des Hauses Usher
und andere Erzählungen
Band 90031

Edgar Allan Poe hat unverkennbare Spuren hinterlassen:
Dem Detektivroman prägte er mit Auguste Dupin den Pro-
totyp der exzentrischen, aber genialisch-scharfsinnigen
Spürnase auf. Sherlock Holmes und zahlreiche Film- und
Fernsehdetektive sind nach seinem Vorbild geschaffen. Fas-
ziniert von Ur-Ängsten, schafft Poe Bilder, die in seinen
Erzählungen schauerliche Spannung erzeugen und – Alfred
Hitchcock haben sie zum Filmen gebracht – in unzähligen
Horrorstreifen wiederkehren.

Das gesamte Programm von Fischer Klassik finden Sie unter:
www.fischer-klassik.de

Fischer Taschenbuch Verlag